자기주도학습
코칭 매뉴얼

Foreign Copyright:
Joonwon Lee   Mobile: 82-10-4624-6629

Address: 3F, 127, Yanghwa-ro, Mapo-gu, Seoul, Republic of Korea
         3rd Floor
Telephone: 82-2-3142-4151
E-mail: jwlee@cyber.co.kr

자기주도학습 코칭 매뉴얼

2022. 5. 20. 1판 1쇄 발행
2023. 8. 30. 1판 2쇄 발행

지은이 ┃ 정형권
펴낸이 ┃ 이종춘
펴낸곳 ┃ BM ㈜도서출판 **성안당**
주소 ┃ 04032 서울시 마포구 양화로 127 첨단빌딩 3층(출판기획 R&D 센터)
     ┃ 10881 경기도 파주시 문발로 112 파주 출판 문화도시(제작 및 물류)
전화 ┃ 02) 3142-0036
     ┃ 031) 950-6300
팩스 ┃ 031) 955-0510
등록 ┃ 1973. 2. 1. 제406-2005-000046호
출판사 홈페이지 ┃ www.cyber.co.kr
ISBN ┃ 978-89-315-5855-5 (13370)
정가 ┃ 15,800원

이 책을 만든 사람들
기획 ┃ 최옥현
진행 ┃ 오영미
교정 · 교열 ┃ 이진영
본문 디자인 ┃ 디자인라인
표지 디자인 ┃ 강희연, 박현정
홍보 ┃ 김계향, 유미나, 정단비, 김주승
국제부 ┃ 이선민, 조혜란
마케팅 ┃ 구본철, 차정욱, 오영일, 나진호, 강호묵
마케팅 지원 ┃ 장상범
제작 ┃ 김유석

■ **도서 A/S 안내**

성안당에서 발행하는 모든 도서는 저자와 출판사, 그리고 독자가 함께 만들어 나갑니다.
좋은 책을 펴내기 위해 많은 노력을 기울이고 있습니다. 혹시라도 내용상의 오류나 오탈자 등이
발견되면 "좋은 책은 나라의 보배"로서 우리 모두가 함께 만들어 간다는 마음으로 연락주시기
바랍니다. 수정 보완하여 더 나은 책이 되도록 최선을 다하겠습니다.
성안당은 늘 독자 여러분들의 소중한 의견을 기다리고 있습니다. 좋은 의견을 보내주시는 분께는
성안당 쇼핑몰의 포인트(3,000포인트)를 적립해 드립니다.
잘못 만들어진 책이나 부록 등이 파손된 경우에는 교환해 드립니다.

자기주도학습 코칭 매뉴얼

Coaching Manual

정형권 지음

BM (주)도서출판 성안당

들어
가며

"누구나 따라 할 수 있는
가장 단순한 공부법"

부모들의 가장 큰 고민 중 하나는 단연 자녀의 공부 문제이다. 이는 학년이 올라갈수록 더 커지는 것이 일반적이다. 초등학교 때는 직접 가르쳐 보기도 하지만, 아이는 어느 순간부터 혼자 알아서 하겠다고 하며 부모와의 공부를 거부한다. 그러다 중학교에 진학하게 되면 초등학교 때는 몰랐던 아이의 학습 문제가 드러나기 시작한다. 급한 마음에 이래저래 손을 써 보기도 하지만 미처 수습하지 못한 채 고등학교에 진학한다.

고등학교에 가서는 이미 공부를 잘하는 학생과 그렇지 못한 학생이 나뉘어 있고, 그 격차는 쉽게 좁혀지지 않을 뿐만 아니라 시간이 흐를수록 더 벌어진다. 급기야 공부를 포기하는 학생도 나온다.

부모는 열심히 최선을 다하고 있다고 느끼는데 자녀는 그렇지 않은 것처럼 보인다. '나는 이렇게 열심히 노력하고 방법을 찾고 있는데, 아이는 왜 저 모양일까? 도대체 어떻게 해야 한단 말인가?' 하는 생각에 어떤 날은 화가 머리끝까지 치밀어 오른다.

'언제까지 이렇게 해야 하는 걸까?'
'왜, 아이가 내 마음을 이렇게 몰라주는 걸까?'
'우리 애는 공부에 소질이 없는 걸까?'

별의별 생각이 다 든다. 하지만 뚜렷한 해결책은 보이지 않는다. 이러다 아이가 뒤처지지는 않을까 하는 마음에 아이를 다시 다그친다. 그럴수록 아이와 갈등도 많아지고 사이도 안 좋아진다. 아이는 공부에서 더 멀어져 간다. 같은 상황이 반복된다.

아마 많은 부모들이 비슷한 문제로 고민하고 있을 것이다. 이 책은 바로 이러한 문제로 고민하는 부모와 교사들을 위해 적절한 해결책을 모색하고, 아이와 함께 더불어 성장하는 학습코칭의 방법을 제시하기 위해 기획되었다.

열심히 잘 가르치기만 하면 아이가 잘 배우게 될 것이라는 믿음은 희망 사항에 불과하다. 교육을 뜻하는 'education'은 라틴어 'educo'에서 왔다. 'educo'는 '밖으로 끌어내 준다. 개발해 준다'라는 뜻이다. 따라서 교육은 아이에게 무엇을 자꾸 집어넣어 주는 것이 아니라, 아이 안에 있는 잠재력을 끌어내 주는 것이어야 한다.

하지만 많은 부모와 교사들이 오늘도 아이에게 무언가를 집어넣어 주기 위해 열심히 노력하고 있다. 그럴수록 아이들은 공부에 대한 흥미를 잃고 자발적으로 공부하려는 의지가 약화된다.

우리의 목적은 아이가 스스로 공부하는 것이지, 지식과 경험을 주입하는 것이 아니다. 아이가 걸음마와 말을 배울 때 주입식으로 가르친 부모는 없다. 못한다고 혼내거나 야단친 부모도 없다. 만약 그렇게 했다면 아이는 그것을 배우기를 주저하거나 포기했을 것이다. 그때 부모는 적당한 칭찬과 격려, 공감 등을 하며 긍정적인 피드백을 해 주었다. 그래서 아이는 포기하지 않고 그 일을 제대로 해낼 수 있었다. 즉, 부모의 피드백 덕분에 아이는 배우고 싶은 동기가 떨어지지 않고 유지되거나 강화된 것이다.

아이들이 공부할 때도 마찬가지이다. '어떻게 하면 학습 동기를 유지하고 강화할 수 있을까?' 이것이 고민의 내용이 되어야 한다.

이 책에서는 그동안 출간했던 책들에 실린 다양한 사례와 내용을 체계적으로 정리하였고, 새로운 사례도 추가하였다. 실제 학습코칭 현장에서 경험했던 사례를 중심으로 구성하여 현장감을 높였다.

여러 공부법 책들이 있는데, 그것을 적용하는 부모나 교사들이 주입식 방법, 즉 집어넣어 주는 방식으로 접근하는 것을 많이 볼 수 있었다. 공부의 절대적인 원칙들도 학습 동기를 유지·강화하는 측면에서 적용하지 않으면 부작용을 일으킬 수 있으므로 주의해야 한다.

학습 동기를 유지·강화하는 가장 좋은 방법은 '천천히 제대로 읽기'라는 것을 현장에서 확인할 수 있었다. 그래서 학생이 흥미와 호기심을 유지하며 공부에 재미를 붙일 수 있는, 가장 확실하고 단순하며 보편적인 방법이라 할 수 있는 '3SR2E 공부법'과 실제 사례를 이 책에 소개하였다. 학습코칭을 하면서 대다수의 학생들이 이 하나의 방법으로 공부 습관이 정착되고, 성적도 향상되는 것을 경험하였다. 상위권 학생은 최상위권으로, 중하위권 학생은 상위권으로 올라갈 수 있는 가장 단순한 공부법임을 현장에서 확인할 수 있었다. 또 많은 학습 코치들에게 이 방법을 통해서 큰 효과를 보았다는 긍정적인 피드백을 받았다.

따라서 이 책에서는 복잡한 공부 방법을 멀리하고 단순한 몇 가지 방법만을 제시하여 혼란을 최소화하였다. 아이에게 많은 방법을 한꺼번에 알려 주는 것은 공부에서 멀어지라고 이야기하는 것과 같다.

다양한 자기주도학습 코칭 프로그램을 통해 체계적인 교육을 하려면 본서와 짝을 이루는 《자기주도학습 코칭 프로그램》 책을 활용하기 바란다. 이 책에는 현장에서 사용했던 다양한 활동지와 회차별 프로그램이 소개되어 있다.

이제는 '많이, 그리고 잘 가르쳐야 한다.'는 관점에서 벗어나 '적절한 피드백을 통한 동기 강화'가 부모와 교사의 화두(話頭)가 되어야 한다. 효과적인 코칭을 통한 보편적이고 단순한 공부법이 건강하게 뿌리내리기를 소망한다.

정형권

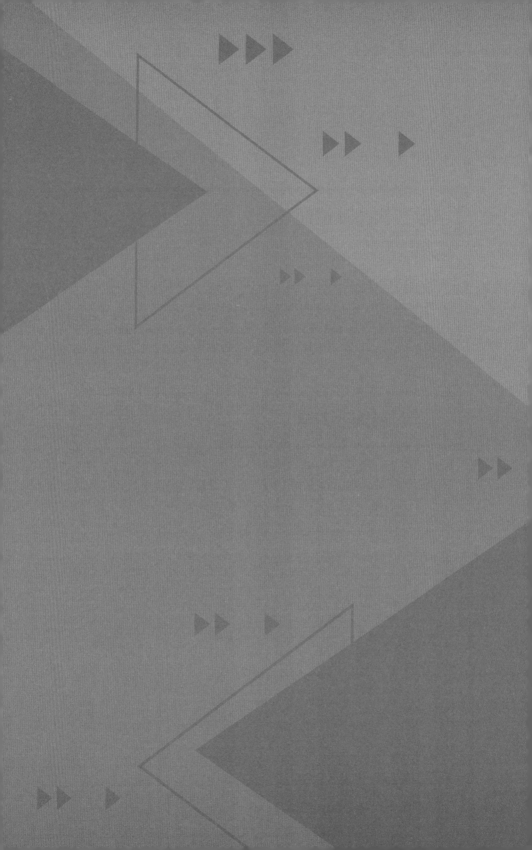

제1장

마음을 움직이는 힘

알고자 하는 본능

인간의 마음속에는 알고자 하는 본능이 있다

공부는 인간의 오래된 욕망 가운데 하나이다. 인류의 역사를 "가난과 무지에서 벗어나기 위한 투쟁의 역사"라고 말하는 사람도 있듯이, 공부는 인간 역사에서 중요한 주제 가운데 하나이다.

인류의 시원 문명이라 일컬어지는 수메르에도 학교가 있었다. 학교 선생님이 문제 학생들을 때리거나 혼냈으며, 그것을 무마하기 위해 학부모가 촌지를 건넸다는 기록이 있다고 하니, 공부 또한 오래된 투쟁 가운데 하나라고 할 수 있을 것이다.

인간의 마음속에는 알고자 하는 본능이 있다. 모르는 것을 알게 되었을 때 마음속에서 기쁨과 환희가 일어난다. 따라서 당연히 공부는 즐겁고 재미있는 일이다.

그런데 많은 아이들은 학년이 올라가면서 공부가 재미없다고 한다. 왜 그럴까? 그 이유는 공부와 학교가 학생 스스로 선택한 것이 아니라, 누군가에 의해서 학생에게 이미 부여되고 주어진 것들이기 때문이다.

초·중·고 때 자신이 원하는 공부를 하는 학생은 드물다. 대부분 대학에 들어가거나 대학을 졸업하고 나서야 비로소 자신에게 필요하거나 스스로 배우기 원하는 공부를 한다. 그러므로 이미 주어진 공부를 해야 하는 아이들을 자신이 원하는 공부를 알게 되고 찾을 때까지 누군가 안내하고 이끌어 주어야 한다. 또 스스로 조절하며 자신에게 맞는 공부 방법과 공부 습관을 갖출 수 있도록 도와주어야 한다. 그 돕는 행위를 코칭(coaching)이라고 부를 수 있을 것이다. 물론 코칭은 삶의 전 영역에서 행해지고 적용되고 있다.

'공부(工夫)'는 '쿵푸(功夫)'에서 왔다는 말이 있다. 스승이 제자에게 무예를 보여 주면 제자는 그것을 익히기 위해 수많은 시간을 연습한다. 운동선수가 하나의 기술을 익히기 위해 수없이 반복하고 단련하듯, 공부도 생각을 단련하고 반복해야 한다. 즉, 공부는 머리로만 하는 것이 아니라 쿵푸처럼 온몸으로 하는 것이다. 하나의 경지에 이르기 위해 자기 몸이 가지고 있는 습관과 행동을 꾸준히 변화시켜 나가는 과정이 바로 진짜 공부인 것이다.

자기주도학습과 코칭

공부의 다른 이름인 학습도 '學(배울 학)+習(익힐 습)'으로 이루어져 있다. 배운 뒤에는 수없이 많은 시간을 통해 배운 것을 반복해서 익혀야 하는 것이다. 그런데 그렇게 익히는 과정에서 어려움도 겪고 고쳐야 할 부분도 생긴다. 또 내적인 고민이 있을 수 있고, 환경의 변화에 대처해야 하는 상황도 생길 수 있다. 그럴 때 도움을 주고 스스로 문제를 해결할 수 있도록 안내해 주는 역할이 필요한데, 그 사람이 바로 코치(coach)이다.

학습 코치는 공부 습관이 정착되지 않은 학생들을 위하여 어떻게 공부해야 하는지 공부 방법을 알려 주고, 학습 동기를 끌어내서 학생이 자발적으로 공부할 수 있는 능력을 갖추도록 이끌어 주는 역할을 한다.

공자는 《논어》에서 "학이시습지 불역열호(學而時習之 不亦說乎)"라 하였다. 배우고, 배운 내용을 익혀서 자신의 것으로 만드는 과정에서 즐거움을 느끼는 선순환이 반복되었을 때 학습자는 자기주도학습(학습자 스스로가 학습의 참여 여부에서부터 목표 설정 및 학습 목표 달성을 위한 계획의 수립, 교육 프로그램의 선정과 학습 계획에 따른 학습 실행, 과정 및 결과에 대한 평가에 이르기까지 교육의 전 과정을 자발적 의사에 따라 선택·결정하고 조절과 통제를 행하게 되는 학습 형태이다. 학습자는 이러한 학습의 전 과정을 혼자만의 힘으로 수행할 수도 있고, 다른 사람의 도움을 받아 수행할 수도 있다.) 능력을 기르게 된다.

학생에게 자기주도학습 능력이 필요한 것은 자기 주도적 삶을 살아야 하기 때문이다. 자기 주도적 삶은 생활에서 집중도와 몰입도를 높여 주고, 집중과 몰입은 행복감을 키워 준다. 따라서 자기주도학습은 학생 스스로 공부에 몰입하게 하여 재미와 의미를 찾아가게 하고, 행복한 공부를 할 수 있게 만들어 준다.

코칭은 코치가 정답을 가르쳐 주는 것이 아니라, 학생의 잠재력을 끌어올려 자신의 역량을 최대한 발휘하도록 하는 것을 목적으로 한다. 그 과정에서 학생은 자존감이 올라가고, 자아 정체성을 찾고, 스스로 공부할 수 있는 역량을 갖춰 자립형 인재로 성장할 수 있게 된다.

자기주도학습의 구성 요인

자기주도학습을 구성하는 요인은 크게 세 가지이다.
학생의 학습 과정에서 동기·인지·행동이 상호 작용하여 학생 스스로 목표를 세워 학습하고, 그 결과를 평가하는 과정을 통해 창의력과 문제해결력을 향상하게 된다.

동기: 학습을 시작하고 유지하게 하는 내적인 힘.
인지: 지식이나 정보를 기억하고 이해하는 데 사용하는 여러 가지 전략.
행동: 적절한 학습 환경과 자신의 행동을 통제하고, 시간을 조절하고 관리함.

02

학습코칭의
철학

코칭(coaching)은 '개개인이 자신의 잠재 능력을 발견하여 스스로 지속적인 성장을 할 수 있도록 조력하는 의사소통 기법'이다. 2002년 월드컵에서 한국의 '4강 신화'를 이루었던 히딩크 감독의 선수 훈련 방법이 바로 '코칭'으로, 그 효과를 이미 인정받은 바 있다.

'코칭'은 사람에게 초점을 맞추어 효과적인 대화 기법과 그 과정을 통하여 문제를 바람직한 방향으로 해결할 수 있게 한다. 또한, 사람들의 내적인 변화를 끌어내고 개개인이 가진 잠재 능력을 개발시켜 줌으로써 성숙한 삶으로 안내하고, 그들이 속한 조직을 발전시킬 수 있도록 돕는 효과적인 도구라 할 수 있다.

학생들의 어떤 문제를 지시와 명령, 꾸중과 질책의 방법으로 해결하기는 매우 어렵다. 그것들은 오히려 문제를 더 악화시켜 악순환을 만들게 된다. 문제 해결의 답은 바로 학생 자신이 가지고 있기 때문이다. 따라서 학생이 자신의 마음을 움직여 스스로 문제를 해결하고, 자신의 잠재 능력을 발휘할 수 있도록 코칭을 통해 도와주어야 한다.

<**코칭의 3대 철학**>

• 모든 사람에게는 무한한 가능성이 있다.
• 그 사람에게 필요한 해답은 모두 그 사람 내부에 있다.
• 해답을 찾기 위해서는 파트너가 필요하다.

- 《마법의 코칭》 에노모토 히데타케

코칭의 제1 전제 조건

모든 사람은 무한한 잠재력을 가지고 있다. 이것이 코칭의 제1 전제 조건이다. 많은 사람들은 자신의 잠재 능력에 대해 의심하고 믿지 않으려 한다. 현재 자신이 처한 상황으로 자신의 미래를 판단하거나, 과거의 실패 경험으로 미래의 실패를 미리 점치기도 한다.

그러나 우리는 자신의 잠재 능력을 극대화하여 위대한 결과를 만들어낸 사례를 얼마든지 만날 수 있다. 학습코칭을 하면서 아이가 가진 재능이 전혀 주목받지 못하고 쓸모없는 것처럼 여겨지는 것을 자주 보게 되는데, 안타까운 마음을 금할 수 없다. 학생이 가진 단점이나 현재의 부족한 점이 아니라, 무한한 잠재력에 초점을 맞추고 바라볼 때 학생은 자신의 감춰진 능력을 마음껏 발휘할 수 있다.

괴테는 "당신이 어떤 사람에 대해 현재 처한 모습 그대로 대한다면 그 사람은 계속해서 지금과 같은 상태로 남을 테지만, 만약 당신이 그 사람을 그가 나중에 마땅히 되어야 할 사람으로 대하고 바라본다면 그는 마땅히 그런 모습의 사람이 될 것이다."라고 하였다. 그러므로 학습 코치는 학생이 현재 처한 모습으로 미래를 예단하지 말고, 마땅히 되어야 할 모습으로 바라보아야 한다.

《레 미제라블 (Les Miserables)》의 주인공 장발장은 빵 조각을 훔친 혐의로 감옥살이를 19년 동안이나 하다가 가석방으로 겨우 풀려난다. 하지만 세상에 나온 그가 갈 곳은 없었다. 주위의 냉대와 무관심, 그리고 '극히 위험한 자'라는 낙인은 그를 절망하게 하였다.

어느 날 밤 한 가톨릭 수도원의 문 옆에서 잠을 청하던 그는 주교에게 발견되어 성당 안으로 들어가게 된다. 주교는 형제처럼 그를 대해 주며 맛있는 저녁을 마련해 주고 잠잘 곳도 기꺼이 내주었다. 그러나 장발장은 그곳에서 은 식기를 훔쳐 달아난다. 얼마 못 가 경찰에 잡힌 장발장은 은 식기를 선물 받았다고 거짓말을 해 확인차 수도원으로 끌려갔고, '이제 모든 것이 끝났구나.' 하고 생각하던 중 자신의 귀를 의심하는 말을 듣는다. 주교는 "맞습니다, 내가 선물한 것이. 그런데 형제여! 왜 은촛대는 가져가지 않았습니까?" 하며 은촛대마저 내주는 것이 아닌가? 다시 자유의 몸이 된 장발장은 깊이 참회하고 새로운 인생을 살아가게 된다.

만약 그때 주교가 장발장을 현재의 모습 그대로 바라보았다면 그의 미래는 어떻게 되었을까? 주교는 장발장 안에 숨겨져 있던 무한한 보석을 발견하였고, 그 보석이 빛을 발하여 반짝반짝 빛나는 모습을 바라본 것이다.

학자로 바라보기

미국 조지아주 어느 빈민가의 초등학교에서 있었던 일이다. 동네가 빈민촌이다 보니 공부할 수 있는 여건이 좋지 않았다. 아이들은 혼자서 밥을 먹었고, 숙제를 돌보아 줄 식구도 거의 없었다. 이 학교에서 1학년 담임을 맡고 있던 존스(Crystal Jones) 선생님은 환경이 좋지 않았지만, 아이들이 공부 잘하기를 바랐다. 그래서 아이들에게 뭔가 자극을 줘야겠다고 생각하였다. 그는 아이들에게 공부가 중요하니 열심히 공부하라고 말하거나, 예습·복습을 강조하거나 혼내는 방식으로 접근하지는 않았다. 선생님은 학생들에게 스스로를 '학자'로 바라보게 하였다. 교실에 누가 찾아오면 아이들을 '학자'라고 소개하였으며, 아이들이 직접 방문객들에게 학자가 무슨 뜻인지 설명하도록 하였다.

또 아이들에게는 "여러분, 여러분은 학자입니다. 학자는 배우기를 즐기고 배운 내용을 남에게 설명하기를 좋아합니다. 그러니 집에 돌아가면 배운 내용을 학자답게 부모님이나 언니, 형, 누나에게 가르쳐 주세요."라고 하였다. 그러자 아이들은 자신을 정말로 학자로 인식했으며,

즐겁게 배우고 배운 내용을 집에 가서 설명해 주었다. 쉬는 시간에는 친구들과 수업 내용을 서로 토론하기도 하였다. 그러자 아이들이 수업 내용을 흡수하는 속도가 빨라지고, 그에 비례하여 수업 진도 속도도 빨라졌다. 한 학기를 마치자 이미 아이들은 2학년 수준에 도달해 있었다.

선생님은 방학이 되기 전 아이들에게 1학년 수료식을 열어 주었다. 수료증을 나눠 주며 칭찬도 해 주었다. 그러자 아이들은 서로를 "2학년생"이라 부르며 즐거워하였다.

그리고 1학년이 끝날 즈음에는 90%의 학생들이 이미 3학년 수준에 도달해 있었다. 불과 1년 전에 그 지역에서 가장 공부를 못했던 아이들이 가장 공부 잘하는 우등생이 된 것이다.

이 선생님은 아이들이 자신을 훌륭한 존재로 인식하게 했으며, 그로 인해 아이들의 잠재력을 힘껏 끌어낼 수 있었다. 만약 이 선생님이 '이곳은 환경이 좋지 않아서 아이들을 가르치는 것이 너무 힘들어. 다른 지역의 아이들보다 학습 수준도 한참 뒤처지는 걸.' 하면서 부정적인 시각으로 바라보았다면 결과는 어떻게 되었을까?

잠재력을 이끌어 내다

원래 교육을 뜻하는 'education'의 어원은 라틴어 'educo'인데, 이는 '잠재력을 끌어낸다'라는 뜻이다. 이렇게 본다면 지식을 주입하고 전달만 하는 수업 방식은 교육과는 거리가 멀어도 한참 먼 것이다.

교사가 주도하는 교사주도학습으로는 학생의 잠재 능력을 끌어내기 어렵기 때문에, 자기주도학습을 통해 학생이 스스로 자신의 잠재력을 끌어낼 수 있도록 코칭을 해 주어야 한다.

영화 〈매트릭스〉에서 네오는 수면 학습을 통해 하이 점프 능력을 향상하게 된다. 한 건물에서 다른 건물로 점프하는 기술을 습득할 때 네오에게 방해가 되는 것은, 바로 자신의 마음속에 움트는 공포심이다. 이 공포심을 극복해야 점프를 할 수 있다. 그때 교사인 모피어스는 쉽게 점프하는 모습을 보여 주면서 "자, 자신을 믿고 한번 날아 봐." 하고 네오를 이끌어 준다. 네오는 처음에는 실패하지만 결국 공포심을 극복하고 점프에 성공하게 된다.

모피어스는 네오의 마음속에 움트는 공포심을 스스로 극복할 수 있도록 직접 점프하는 모습을 보여 주면서 그의 잠재력을 끌어냈다. 이처럼 코치는 학생이 자신의 한계를 돌파하여 무언가 습득하고 익힐 수 있도록 격려하고 이끌어 주어야 한다.

자신의 한계를 넘어서는 것이 배움의 과정이고, 그 과정을 함께하는 협력자가 코치이다. 코치는 코치이(coachee, 코칭을 받는 피코치)가 기존의 한계를 넘어서서 새로운 인식의 지평을 열 수 있도록 안내하는 안내자이다.

이때 중요한 것은 코치와 코치이 사이의 신뢰이다. 코칭 기술이 아무리 뛰어나도 코치와 코치이 사이에 신뢰가 없다면, 코치의 뛰어난 코칭 기술도 무용지물이 될 가능성이 높다. 사람들은 자신이 존경하는 사람이나 조직과 스스로를 동일시하는 경향이 있으며, 그들과 함께 무언가 가치 있는 일을 하고 싶어 한다. 그러므로 코치는 헌신과 용기, 성실한 태도, 상대에 대한 존중을 바탕으로 학생과 신뢰 관계를 만들어 가야 한다.

하지만 신뢰를 쌓는 일이란, 물을 한 방울씩 떨어트려 양동이를 채우는 것과 같다. 물을 한 방울씩 떨어트려 양동이를 가득 채우려면 많은 시간이 필요하다. 그만큼 사람 사이에 신뢰가 형성되는 것은 어려운 일이다. 아이들은 다양한 형태의 수업 경험이 많아 코칭을 접하더라도 우선 경계하고 의심부터 하기 쉽다. 따라서 코치는 학생에게 먼저 믿음을 주어야 하고, 그렇게 준 믿음을 되돌려 받는 데 많은 시간이 걸릴 줄 예상하며 기다리는 지혜가 필요하다.

03

관점의 전환

코치는 학생을 바라보고, 학생은 공부를 바라본다

학습 코치가 학생을 어떤 눈으로 바라보느냐에 따라 학생의 학습 태도와 집중도가 달라진다는 것을 앞에서 이야기하였다. 코치는 학생을 바라보고, 학생은 공부를 바라본다. 학생이 공부를 어떻게 바라보고 있느냐에 따라 공부를 잘할 수도, 못할 수도 있게 된다. 학생이 공부를 '지겨운 것', '해도 소용없는 것' 등의 부정적인 시각으로 바라보거나, '학교만 졸업하면 더 이상 하지 않아도 되는 것', '어른이 되면 하지 않아도 되는 것' 등으로 공부를 특정한 시기에만 하는 것으로 한정 짓는다면 당연히 자신의 잠재 능력의 최대치를 발휘할 수 없게 된다. 따라서 코치

는 학생이 공부를 긍정적이고 폭넓은 시각으로 바라볼 수 있도록 도와
주어야 한다.

심리학자 맥퍼슨(Gray Mcpherson)은 악기를 배우는 157명의 아이를 장
기간 관찰하였는데, 그 연구 결과가 시사하는 바가 크다. 유전적 환경이
나 타고난 재능이 비슷한 아이들을 대상으로 똑같은 시간을 연습하게
한다면 나중에 실력 차이가 생기게 될까? 그렇지 않을까? 그는 수업이
시작되기 전 아이들에게 다음과 같은 질문을 던졌다.

"넌 음악을 얼마나 오랫동안 할 계획이니?"

이때 아이들의 대답은 크게 세 가지였다.

♣ 저는 1년만 하고 그만둘 계획이에요.
♣ 저는 학교 졸업할 때까지만 하려고요.
♣ 저는 평생 할 거예요.

즉, 아이들 나름대로 본인이 악기를 배우고 연주할 기간을 마음속에
정해 놓고 악기 연습에 임한 것이다. 처음에는 수준 차이가 없던 아이
들이 9개월쯤 지나자 연주 실력에 차이가 나기 시작하였다. 평생 연주
할 계획이라고 답한 아이들의 연주 실력이 1년 정도만 하고 그만둘 거
라는 아이들의 수준보다 4배 정도 높은 놀라운 결과가 나왔다. 같은 기
간 동안 같은 시간을 연습했는데 실력 차이가 나는 것을 이상하게 여긴
맥퍼슨은, 평생 연주하겠다는 그룹 아이들의 연습 시간을 줄여 보기로
하였다. 다른 아이들은 일주일에 한 시간 반을 연습하게 하고, 그 아이

들은 일주일에 20분만 연습하게 하였다. 하지만 결과는 달라지지 않았다. 오히려 평생 연주하겠다고 답한 아이들의 연주 실력과 다른 아이들의 연주 실력은 더욱 벌어졌다.

어떻게 이런 결과가 나온 것일까? 무엇이 이런 차이를 만들었을까? 계속해서 아이들을 관찰하던 맥퍼슨은 아이들이 악기를 연습하는 모습에서 어떤 차이를 발견하였는데, 그것은 바로 '집중력'의 차이였다.

'평생 연주하겠다'고 답한 그룹의 아이들은 자신을 음악가라고 생각하고 연주를 즐길 준비가 되어 있어서, 짧은 시간을 연주해도 집중도가 올라갔다. 반면에 '1년 정도만 하고 그만둘 생각'인 아이들은 당연히 자신을 음악가로 여기지 않았고, 따라서 자기 능력의 최대치를 끌어내려고 하지도 않았다. 단지 자신을 누구로 바라보고 어떤 관점을 가지느냐에 따라 실력의 차이가 만들어진 것이다.

뜻은 같지만 다른 말

앞을 보지 못하는 걸인이 거리에서 구걸하고 있었다. 그는 많은 행인이 지나가는 거리에서 "저는 장님입니다. 도와주세요(I'M BLIND. PLEASE HELP)."라고 쓰인 팻말을 걸어 놓고 매일 구걸하며 생활하고 있었다. 하지만 대부분의 행인은 무심히 지나쳤고 몇 명만이 가끔 몇 개의 동전을 던질 뿐이었다.

어느 날 어떤 여인이 걸인 앞에 한참을 서서 뭔가를 하는 것 같더니 그냥 지나갔다. 동전을 기대했던 시각 장애인은 실망하였다. 그런데 그 여인이 아무것도 하지 않고 간 것은 아니었다. 팻말에 무언가를 쓰고 그 앞에 세워 놓고 간 것이다. 여인이 떠난 후 얼마 지나지 않아 그의 동전 바구니에는 예전보다 훨씬 많은 동전과 지폐가 쌓이기 시작하였다. 다음날도 마찬가지였다.

'이유가 뭐지, 왜 사람들이 달라졌지……?' 그는 이전보다 훨씬 많은 사람들이 자신의 동전 바구니에 돈을 놓고 가는 이유를 알 수 없었다. 다만, 며칠 전에 한 여인이 자신 앞에서 무언가를 하고 간 이후에 이러한 일이 벌어진 것만은 확실하다고 생각하였다.

그러던 어느 날 그 걸인을 찾아와서 반갑게 인사하는 사람이 있었다. 그 사람이 며칠 전의 그 여인임을 알아챈 걸인은 그녀에게 그동안의 자초지종을 이야기한 후, 그날 무엇을 한 거냐고 물었다.

"저는 팻말에 써진 글을 바꾸었을 뿐이에요. '참 아름다운 날입니다. 그런데 저는 그것을 볼 수가 없어요(IT'S A BEAUTIFUL DAY AND I CAN'T SEE IT).'라고요."

'장님이니 도와 달라'는 문구는 그 장님을 단순히 불쌍하고 도와줘야 할 대상으로 인식시키는 데 그치고 만다. 그러나 '아름다운 경치를 함께 볼 수 없어 안타깝다'는 표현은 보는 사람에게 값싼 동정심을 불러일으키는 것이 아니라, 내가 볼 수 있다는 사실에 감사함을 느끼게 하고 시각 장애인에게 미안함을 불러일으켜 적극적으로 돕고자 하는 마음을 자극한 것이다. 그 여인은 걸인을 바라보는 행인의 관점을 새롭게 디자인하여 그들의 행동을 바꾸었다.

교육은 '집어넣어 주는 것'이 아니라 '끌어내 주는 것'이라고 하였다. 교육을 집어넣어 주는 것이라는 관점을 유지한다면, 아이에게 최대한 수업을 많이 듣게 해야 할 것이다. 학원과 과외를 끊임없이 자녀에게 강요하는 엄마들은 그렇게 해야 공부를 잘할 수 있다고 믿는다. 하지만 이러한 관점은 오히려 자녀의 배움을 가로막는 거대한 벽으로 작용할 뿐이다.

학습 코치는 학생에게 지식을 열심히 설명해 줄 것이 아니라, 학생이 공부에 대해 새로운 시각을 가질 수 있도록 다양한 스킬을 이용하여 학습에 대한 시각과 관점을 디자인해 주어야 한다.

학습코칭 포인트

1. 교육은 '집어넣어 주는 것'이 아니라 '끌어내 주는 것'이다.
2. 학생에게 공부할 지식을 열심히 설명해 줄 것이 아니라, 학생이 공부에 대해 새로운 시각을 가질 수 있도록 학습에 대한 시각과 관점을 디자인해 주어야 한다.

04

적절한 피드백과
동기 강화

중학교에 다니는 학생이 있었다. 공부는 학교에서 최상위권. 그러나 기말고사에서 성적이 떨어져 아버지와 갈등이 생겼다. 물론 성적이 떨어졌다고는 하지만 아직도 최상위권이다. 시험 문제에서 하나만 틀려도 괴로워서 잠을 못 자는 학생이었다. 다른 사람이 보기에는 참 걱정도 팔자라는 말이 나오겠지만 집안 분위기는 심상치 않았다.

아버지와 아이의 공부 방법이 다른 것이 문제였다. 아버지는 자신이 오래전에 공부했던 방식으로 영어 공부를 하라고 교재도 정해 주었다. 매일 외워야 하는 단어 숙제도 내주고 아버지가 직접 확인을 하였다. 그렇지만 아이는 그것을 받아들일 수 없었고, 아버지가 정해 준 교재 또한 자신의 상황과 맞지 않다고 판단하였다. 또 하나의 문제는 아버지가 아이 성적에 대한 기대치가 너무 높아 아이가 거기에 부응하기가 너무 힘들다는 것이었다. 학생 자신도 더 잘하고 싶은데 그렇지 못하는 데서 오는 불안감으로 고민하고 있었고, 효과적인 공부 방법을 찾고 있었다.

먼저 부모와 아이 따로따로 두 차례 상담을 하였다. 학생의 입장을 이해하며 대화를 진행했는데 코칭의 성과가 빨리 나왔다. 아버지께 더 이상의 강압적인 방법이나 일방적인 강요는 아이에게 해가 될 뿐 도움도 되지 않고 아이와 관계만 나빠지니까, 좀 더 객관적인 입장에서 아이에게 자율권을 많이 주어야 한다고 하였다. 아버지도 그 의견에 동의했으며 서로 마음이 열린 상태가 되자 함께 식탁에 둘러앉아 대화하며 서로의 생각을 나누게 되었다.

아버지와 내가 거실에서 대화할 때면 아이는 주방에서 공부하며 우리의 대화를 들었다. 부모님은 산만해서 그렇게 하면 공부가 되겠느냐고 했지만, 아이는 선생님이 아빠한테 이야기하는 것을 들으면서 공부하면 더 집중이 된다고 하였다.

조용한 곳에서 공부해야만 집중이 잘되는 것이 아니다. 마음이 편안하고 불안감이 없어야 집중이 잘된다. 아이는 내가 자기 편을 들어주고 아빠의 잘못된 점을 알려 주는 것을 보고 마음이 더 편안해진 것이다. 공부와 마음은 밀접한 관련이 있다.

대화의 시간은 여러 번 더 진행되었다. 시간이 지날수록 서로를 이해하게 되고 마음도 안정되어 아이는 공부에 더 집중할 수 있었으며, 부모도 코칭에 만족하게 되었다.

아이의 공부에 문제가 있다는 생각이 들거나 무언가 변화와 소통이 필요하다고 생각되면, 아이에게 잔소리를 할 것이 아니라 서로 마음을 열고 대화하고, 아이의 말에 먼저 귀 기울여야 한다. 공감하고 소통하는 것만으로도 아이의 변화하는 모습을 보게 될 것이다.

이 학생의 아버지는 공부에 대한 잘못된 생각을 가지고 있었다. 공부는 빠른 속도로 많이 해야 효과가 있다는 것이었다. 그래서 아이에게 많은 숙제를 내주고 밤에는 점검하였다. 하지만 자녀는 천천히 여유 있는 공부를 함으로써 제대로 공부를 할 수 있었다. 이제는 예전의 주입식, 양적 접근법에서 벗어나 천천히 제대로 공부하는 질적 접근법이 필요하다.

가르침 없이 배우기

영어 강사 출신으로 각종 TV와 라디오 영어 프로그램을 도맡아 진행하며 인기를 얻은 K 교수가 초등학교 자녀의 영어를 지도할 때의 이야기이다.

명문대 영문과를 졸업한 그의 딸은 아버지의 영향으로 어렸을 때부터 영어를 잘했을 것 같지만, 실제로는 초등학교 때 영어를 싫어하였다. 영어 전문가로 널리 알려진 아빠 때문에 오히려 영어에 대한 거부감이 있었던 것이다.

그래서 K 교수는 어린 딸에게 영어에 대한 흥미를 일으켜 주기 위해 직접 가르치기보다는 다른 방법을 선택하였다. 아이가 학교를 마치고 학원을 다녀오는 길에 패스트푸드점에 들러 햄버거를 먹고 온다는 사실을 안 아버지는 외국인 유학생을 섭외하여 아이에게 편하게 말을 걸어보라고 하였다.

어느 날 패스트푸드점에서 햄버거를 먹고 있던 아이는 영어로 말을 걸어오는 외국인을 만났다. 외국인과 대화를 나눈 아이는 집에 와서 이 엄청난 사건을 흥분된 얼굴로 전하였다. 그리고 비슷한 일이 몇 번 더 이어졌다. 아버지는 그 외국인 삼촌에게 고마움을 표시하고 싶다며 저녁 식사에 초대하라고 딸에게 말하였다. 저녁 식사에 초대된 외국인에게 아버지는 고마움을 표시하고, 앞으로도 종종 아이와 대화를 해 달라고 부탁하였다.

모든 것이 아버지의 계획대로 진행되었다. 외국인 삼촌과 영어로 대화하는 일이 많아지면서 아이의 영어에 관한 관심과 흥미가 더욱 높아졌다. 그러자 아버지는 딸에게 영화를 많이 보여 주고 팝송이나 비디오, 잡지를 통해서 영어와 더욱 친해지도록 환경을 조성하였다. 이때도 아버지는 영어를 직접 가르치지 않았다. 시나브로 영어에 재미를 붙인 아이는 어느 순간 매우 높은 수준의 영어를 구사할 수 있게 되었다.

아이의 아버지는 영어를 잘 가르칠 수 있었지만 직접 가르치지 않았다. 그 대신 딸에게 영어를 배우고 싶은 환경을 제공하여 동기를 한껏 끌어올린 다음, 스스로 배우고 익힐 수 있게 한 것이다.

아이를 가르치려면 많은 지식을 가지고 있어야 한다고 생각하기 쉽다. 하지만 많이 알고 있는 것이 오히려 독이 되어 아이의 학습 의욕을 꺾어 놓고는 한다. 아이가 말을 배울 때 엄마의 학력이 중요하지 않듯

이, 아이의 공부를 지도할 때도 아이의 공부 의욕을 어떻게 끌어내 줄
지 고민하는 것이 먼저이다.

학습코칭 포인트

1. 마음이 편안하고 불안감이 없어야 집중이 잘된다.
2. 직접 가르치지 않아도 아이 스스로 공부할 수 있다.

05
학습 의욕을 키우는
최선의 방법

어릴 적 알파벳 한 글자를 외우는 데 1년씩 걸리는 지독한 열등생이었던 다니엘 페낙은 훗날 아이들을 가르치는 교사가 되었고, 베스트셀러 작가가 되었다. 그는 자신의 에세이 《학교의 슬픔》에서 이렇게 고백하고 있다.

> "그러니까 나는 공부를 못하는 학생이었다. 어렸을 때, 나는 날마다 학교에서 들볶이다 저녁 늦게야 집에 돌아왔다. 내 공책에는 선생님들의 꾸지람이 적혀 있었다. 반에서 꼴찌가 아닐 때는 꼴찌 바로 앞이었다."

페낙은 여느 열등생처럼 해야 할 일을 결코 해내지 못하는 수치심과 혼자만 이해하지 못하는 고독 속에 살았다. 열네 살, 기숙사 생활을 할 때 엄마에게 보낸 편지를 보면 그가 얼마나 학업을 힘들어하고 있었는지 짐작할 수 있다.

> 사랑하는 엄마,
>
> 나도 성적표를 봤어요. 나도 속상하고, 지긋지긋해요. 잘한다고 미덥던 수학에서 1점을 받으려고 두 시간을 쉬지 안코 숙제를 햇스니 생각해보면 실망할 만하죠. 또 시험 과목을 복습하려고 다른 일을 다 노아버렸고 실전 연습 4점은 분명 수학 시간에 지리 시험을 복습한 것을 설명해줘요.(…)
>
> 나는 공부를 계속하기에는 머리가 조치 안코 열심히 하지도 않아요. 공부가 재미없어요. 책들 속에 갇친 채 머리를 붙잡아 놀 수가 없어요. 영어와 수학은 잼병이고 철자법은 엉망인걸요. 또 뭐가 남았나요?

철자법도 엉망인 채로 공부가 힘들어 엄마에게 하소연하던 소년은 얼마나 마음이 답답했을까? 이렇게 앞날이 보이지 않던 열등생 페낙을 문학성과 대중성을 인정받는 인기 작가로 만들어 준 계기가 있었다.

중학교 4학년 때 그의 첫 번째 구원자가 나타났다. 바로 국어를 가르치시는 노(老) 선생님이었다. 숙제를 안 해 간 그에게 선생님은 논술 숙제 대신, 한 학기 동안 매주 한 장(章)씩 소설을 써 오라고 제안하였다.

단, 엉망인 철자법에 신경을 쓰며 소설을 읽고 싶지 않으니 '비평의 수준을 고양시키기 위해서'라도 틀린 글자 하나 없는 소설을 써 오라고 부탁하였다. 그날 이후 페낙은 열정적으로 소설을 썼다. 사전의 도움을 받아 가며 조심스레 단어 하나하나를 고치고, 정해진 날짜를 지켜 숙제를 제출하였다. 그렇게 페낙은 시나브로 독서와 공부의 길로 들어서게 되었다. 한 학생의 잠재력을 끌어내기 위해 무엇을 어떻게 할지 정확히 꿰뚫어 본 교사가 페낙의 삶을 바꾼 것이다.

열등생이었던 다니엘 페낙이 교사와 소설가가 될 수 있었던 것은 '사랑' 덕분이었다. 무엇보다 그에게는 그를 구원해 준 스승들이 있었다. 그들은 어떠한 교육학적 이론이나 심리학적 지식을 내세우지 않고, 오로지 자신이 가르치는 과목에 대한 열정과 자신의 지식을 전해 주는 즐거움으로 아이들에게 다가갔다.

그들은 아이들에게 이해하려는 욕망을 되살려 주었다. 아이들의 발걸음 속도에 맞춰 한 걸음씩 함께해 주었고, 작은 진전에도 같이 기뻐해 주었다. 또한 더디기만 한 그들의 속도에 불만을 드러내지 않았으며, 작은 실패나 실수에 대해 모욕하지도 않았다.

> 모든 점을 잘 따져보면 이 세 분의 선생님에게는 한 가지 공통점이 있었다. 결코 포기하지 않는다는 것. 그들은 모른다고 하는 우리의 고백에 속아 넘어가지 않았다. (철자법의 결함을 이유로 내세우며 지 선생님은 내게 얼마나 여러 번 논술문을 다시 쓰게 했던가? 발 선생님은 내가 복도에 멍하니 있거나 자습실에서 몽상에 잠겨 있었다는 이유로 얼마나 여러 번 보

충수업을 시켰던가? "시간이 있으니까 우리 한 십오 분만 더 수학을 해보면 어떨까, 페나키오니? 자, 십오 분만 해보자……") 익사 위기에서 구해내려는 그 몸짓의 이미지, 자살하려는 몸짓을 보이는데도 불구하고 저 위로 나를 끌어올리려는 그 손목, 내 옷자락을 단단히 움켜쥔 살아 있는 손의 생생한 이미지, 이런 것들이 바로 그분들을 생각할 때마다 맨 처음 떠오르는 모습이다. 그들의 현존 안에서—그들의 과목 안에서—나는 나 자신의 모습에 눈을 떴다. 수학자인 나, 역사가인 나, 철학자인 나로. 그러한 나는 이 스승들을 만날 때까지 진정으로 여기 있다는 느낌을 방해했던 나를 한 시간 동안 잠시 잊고, 나를 괄호 속에 집어넣고, 나로부터 나를 치워버렸다.

《학교의 슬픔, 323~324p》

중요한 것은 페낙을 구원해 준 선생님들이 학생들과 공유했던 것은 단지 앎이 아니라, 앎에 대한 욕망 자체였다는 것이다. 그래서 학생들은 허기를 느끼면서 수업에 참여하였고, 선생님으로부터 존중도 받았다.

그들은 아이들의 무능한 학교 생활의 원인이나 이유에 대해서는 신경 쓰지 않았다. 원인을 찾느라 시간을 허비하지도 않았거니와, 설교를 하려 들지도 않았다. 그들은 그저 위기에 빠진 아이를 마주하고 절박한 상황이라고 생각하며 몸을 던졌다. 매일같이 다시 몸을 던지고, 던지고 또 던졌다. 그리고 마침내 페낙을 거기서 건져냈다. 더불어 다른 많은 아이도 건져냈다. 페낙은 그분들에게 생명의 빚을 지고 있다고 고백한다.

페낙은 "앎을 가로막는 데는 슬픔보다 더한 차단벽이 없다."라고 말한다. 그러므로 부모의 걱정은 언제나 문제가 된다. '이 애가 장차 무엇이 될지······' 근심하는 부모의 슬픈 얼굴. 희망 없는 현재의 이미지를 통해 아이의 미래를 생각하고 바라보는 것. 바로 여기에 모든 부모의 거대한 공포가 있다.

사실 자녀의 성적이 낮을 때, 또 자신의 기대에 미치지 못할 때 많은 부모는 걱정과 불안으로 자녀를 바라보게 된다. 그리고 자녀의 미래를 생각할 때마다 불안한 마음을 진정시키기 어렵다. 교사 위치에서 그러한 학생을 바라본다면 페낙의 구원자들처럼 그렇게 쳐다보기가 쉽지 않을 것이다.

아이들을 공부하게 하려면 어떻게 해야 할까? 잘 가르치는 선생님이 있는 좋은 학원을 소개해 주면 될까? 아이들에게는 호기심과 흥미진진함이 학습 의욕을 키우는 최선의 방법이 된다. '앎의 욕망'을 자극하고, '사랑'으로 다가서라는 페낙의 말을 기억하자. 페낙 안에 잠들어 있던 잠재력을 깨웠던 구원자들의 눈으로 아이들을 바라보자. 지식을 잘 설명해 주는 것이 최고의 공부 방법은 아니다. 이제는 가르침 없이 배움이 일어날 수 있도록 어떻게 코칭할 것인지 고민해야 할 때이다.

학습코칭 포인트

1. 아이들의 이해하려는 욕망을 자극하라.
2. 아이들의 변화 발전 속도에 맞추어 함께하라.
3. 호기심과 흥미진진함이 학습 의욕을 키우는 최선의 방법이 된다.

06

자신의 힘을
깨닫게 하는 교육

"언젠가 세상의 빛이 될 아이들을 보면 손익 균형을 맞추기 위해
고민하면서 지샌 며칠 밤이 조금도 아깝지 않다."

미국 사회에 참교육의 의미를 보여 주며 큰 감동을 불러일으킨 흑인
여성 교육가 마르바 콜린스의 말이다. 그녀는 1936년생으로 인종 차별
이 심한 시대에 성장했지만, 늘 희망적인 마음을 가진 아버지가 함께한
덕분에 긍정적인 태도를 지니며 자랄 수 있었다. 그녀는 학교를 마치고
백인 상사 밑에서 비서로 일하게 되었다. 이 직업은 당시 흑인들이 가장
열망하던 직업이기도 하였다. 그러나 그녀는 2년 정도 근무하다가 자신
의 일이 아님을 깨닫고, 길가에 버려진 흑인 아이들에게 눈길을 돌렸다.

그녀가 처음 교편을 잡은 곳은 시카고의 빈민가였다. 그녀가 근무하던 학교 주변은 범죄와 약물 중독으로 들끓었다. 공부와는 도무지 어울리지 않는 곳이었다. 주변 환경이 이렇다 보니 학교를 그만둔 아이들은 길거리를 헤매며 떠돌았다. 마르바는 절도와 폭력을 일삼고 싸움에 빠져드는 아이들을 보며 그들을 위해 자신의 인생을 바치기로 결심하고, 자신의 이상을 실현할 학교를 설립하였다.

그녀가 상대할 아이들은 난독증과 학습 장애, 행동 장애를 가졌다고 낙인찍힌 아이들이었다. 공부와 담을 쌓은 아이들은 도저히 차분하게 책을 들여다볼 수 없었다. 어떤 교육도 그 아이들에게는 불가능해 보였다.

하지만 그녀는 아이들에게 문제가 있는 것이 아니라, 교사의 가르치는 방법에 문제가 있다고 생각하였다. 그전까지 아이들은 누구에게도 도전을 불러일으키는 자극을 받은 적이 없었다. 난관을 극복하도록 요청받은 적도 없었다. 자신이 어떤 사람인지, 어떤 능력을 갖추고 있는지 생각해 볼 기회도 없었다. 그녀는 인간은 도전 속에서 성장한다고 생각하였고, 아이들은 잠재력을 끌어내는 자극을 통해 자신의 힘을 깨닫게 된다고 여겼다.

마르바는 아주 기초적인 내용만 담긴 옛날식 교과서를 던져 버렸다. 그리고 셰익스피어, 소포클레스, 톨스토이, 에머슨 등의 작품을 가르쳤다. 다른 선생님들은 한결같이 반대하였다.

"그것은 말도 안 되는 일이에요. 그 아이들은 절대 그런 것을 이해할 수가 없습니다."

"당장 그만두세요. 선생님은 지금 아이들의 인생을 망치고 있습니다."

그러나 마르바의 학생들은 그 내용을 이해했을 뿐 아니라, 그것을 기초로 훨씬 발전하였다. 마르바는 모든 아이가 나름대로의 장점이 있고, 어떤 것도 배울 능력이 있다고 믿었다. 그녀는 아이들과 서서히 하나가 되었다. 아이들과 사랑을 나누면서 그들에게 신념을 심어 주었다. 아이들은 처음에는 혼란스러워 했지만, 이내 마음을 열고 이러한 교육 방식을 받아들였다.

그녀는 또 긍정의 힘으로 아이들 안에 있는 잠재력을 끌어내기 위해 노력하였다. 아이들이 좋지 않은 행동을 하거나 낙담하고 학업을 중단하려고 할 때는 한 가지 벌을 주었다. 그것은 알파벳 'A'에서부터 'Z'까지 먼저 적게 하고, 각각의 철자로부터 시작하는 긍정적인 '나'에 대한 문장을 쓰는 것이었다.

한글로 하면 'ㄱ'부터 'ㅎ'까지 긍정적인 '나'에 대해 적는 것이다. 예를 들면, '(나는) 강한 사람이니까 포기하지 않을 것이다.', '(나는) 놀라운 재능을 가지고 있으므로 성공적인 삶을 살 것이다.', '(나는) 독립심이 강한 사람이니까 유혹에 빠지지 않는다.' 등등의 문장을 서술하게 하였다.

이것은 벌이라기보다는 일종의 정신 훈련 같은 것이다. 아이들이 잘못했을 때 무조건 '잘못했습니다.'라고 반복하게 한다고 해서 과연 아이들이 변화하겠는가? 마르바는 아이들의 마음속에 긍정적인 자아 이미지를 형성하도록 도와주는 것이 얼마나 중요한지 잘 알고 있었다.

당시 많은 흑인들이 초등 교육도 받지 못하는 형편이었는데, 그녀의 제자들은 대부분 대학까지 마쳤다. 그 후 수십 년 동안 그녀는 눈부신 업적을 이루었다.

마르바 콜린스가 아이들에게 긍정적인 자아 이미지를 갖게 하고, 어려움에 도전하는 용기와 신념을 심어 주는 데 주력하였다는 것에 주목하자. 내면의 변화가 없으면 학습의 변화도 기대할 수 없다.

멘토 교육으로 길을 찾다

출판사를 운영하며 바쁜 일상을 보내는 엄마가 있었다. 항상 바쁘게 지내다 보니 아이의 교육을 제대로 챙겨 주지 못하였다. 전업주부로 자녀를 늘 챙겨 주는 엄마들을 바라볼 때면 아이에게 미안한 마음이 앞섰다. 특히 가장 중요한 공부를 챙겨 주지 못하는 것이 제일 마음에 걸렸다. 사춘기에 접어들어서는 부모 역할을 하는 것에 한계를 느꼈다. 그러다 책에서 롤모델에 대한 내용을 보고, 아이에게 멘토 교육을 해 주기로 마음먹었다.

아이가 중학교 1학년 때부터 시작된 멘토 교육은 고등학교 2학년 때까지 계속되었다. 아이의 생일이나 기념할 만한 날에 멘토들을 초청해 함께 식사하면서 도움이 되는 이야기를 해 주는 식이었다. 한번 멘토가 모이면 7~8명이 모였다. 멘토로 초청된 분들은 자신의 전문 분야에서 어느 정도 자리를 잡은 분들로, 자신만의 노하우를 쌓은 경륜 있는 인생 선배들이었다. 그들은 아이에게 자신의 경험담을 들려주며 삶의 지혜를 전수해 주었다.

1년에 단 한번, 총 다섯 차례에 불과한 자리였지만 아이에게 끼친 영향력은 컸다. 엄마에 대한 신뢰가 무한 상승하였고, 쟁쟁한 분들이 자신의 성장 과정을 관심 있게 지켜보고 있다고 생각하니 아무렇게나 살아서는 안 된다는 생각이 들었다. 그리고 무엇보다도 꿈의 크기가 커졌다. 결국 자신의 길을 찾은 아이는 무섭게 공부하기 시작하였고, 스스로 정한 일간 계획을 단 하루도 어기지 않고 실천하였다.

멘토 교육의 또 다른 장점은 좋은 직업 탐색의 기회가 된다는 것이다. 교사, 의사, 약사, 예술가, 엔지니어 등 다양한 직군의 멘토를 만나게 함으로써 자신의 적성과 흥미 분야를 더 빨리 찾을 수 있게 된다.

아직도 부모나 교사 중에 자기 의지로 아이를 변화시키려고 애쓰는 사람들이 있다. 이 방법은 힘도 들지만, 아이와의 관계도 안 좋아질 가능성이 높다. 아이의 내면에 자극을 줄 적당한 환경이나 사람을 제공하면 점차 아이 내면에 변화가 생기고, 그것이 쌓이면 거대한 힘으로 작용한다. 아이들을 북돋아 주고, 응원해 주고, 잠재력을 끌어내 주고, 코칭해 주자.

학습코칭 포인트

1. 아이들이 자기 내면의 힘을 깨닫도록 이끌어 주자.
2. 아이가 긍정적인 자아 이미지와 신념을 갖도록 돕자.
3. 아이에게 적당한 사람과 환경을 제공하여 내면을 자극하라.

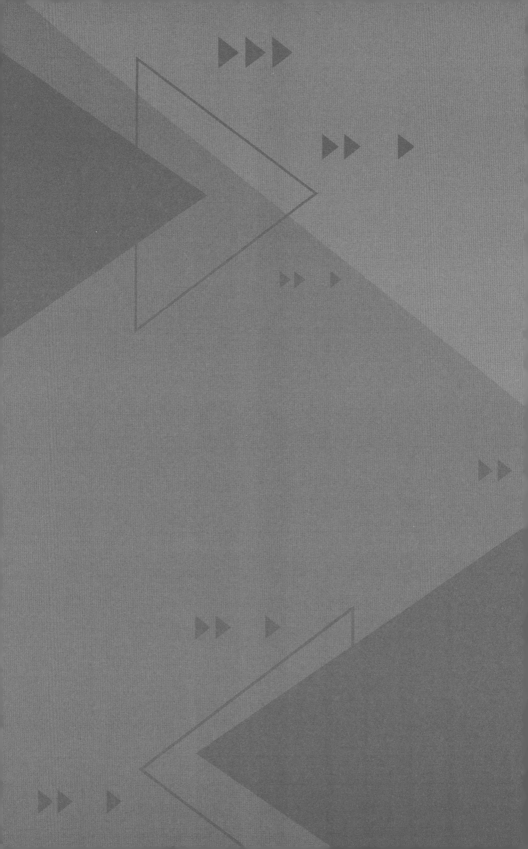

제2장

학습코칭의 도구

01

핵심 도구

학습코칭은 주로 대화를 통해 진행된다. 대화는 코칭의 핵심 도구이다. 학습코칭에서 진행되는 대화 모델을 통해 효과적인 코칭을 할 수 있으며, 대화의 목적과 방향을 잃지 않고 나아갈 수 있다.

또한 코칭 대화의 틀은 코치와 학생이 서로 협력할 수 있는 환경을 만들어 주며, 성과를 향해 나아가는 과정을 예측할 수 있도록 해 준다.

단계	주요 내용	세부 내용
1	초점 맞추기	• 오늘은 무슨 이야기를 해 볼까? • 이번 방학에는 무엇을 이루고 싶니? • 지금 가장 중요하고 시급한 것이 무엇일까? • 현재 자신의 어떤 부분을 변화시키고 싶은가?

단계	주요 내용	세부 내용
2	가능성 발견	• 어떤 목표와 경지에 도달하고 싶은가? • 과거에 어떤 시도를 해 보았고 그 결과는 어땠는가? • 친구들의 학습 방법 중에서 따라 해 보고 싶은 것이 있다면?
3	실천 계획 수립	• 우선 오늘부터 실천할 수 있는 것들은 무엇일까? • 실천할 계획을 함께 세워 보자. • 목표에 도달하기 위해 중간에 작은 목표를 세워 볼까?
4	걸림돌 제거	• 계획을 실천하는 데 어려운 점은 무엇인가? • 내가 무엇을 어떻게 도와주면 좋겠니? • 걸림돌이 있다면 어떤 것이 있고, 해결하는 좋은 방법이 있다면? • 계획을 실천하고 이루기 위해 내가 바뀌어야 할 부분은 무엇인가?
5	마무리	• 오늘 수업을 통해 새롭게 깨닫거나 배운 것이 있다면? • 실천하기로 약속한 것은 무엇인가? • 이번 주에는 무엇을 할 계획인가? • 오늘 수업의 만족도는 10점 만점에 몇 점인가?

학습코칭 능력을 향상시키는 기술

학습코칭의 대화 모델을 바탕으로 코칭을 진행할 때는 적절한 코칭의 스킬을 활용하는 것이 좋다. 물론 1장에서 이야기하였듯이 코치와 학생의 신뢰 관계가 우선이다. 신뢰가 형성되지 않았다면 아무리 현란한 기술로 코칭을 해도 학생의 마음을 움직이지는 못할 것이다. 따라서 학생을 존중하고 그가 무한한 가능성을 가진 존재라는 믿음을 바탕으로 접근할 때, 코칭의 기술 또한 더욱 발전하게 된다.

단계	주요 내용	세부 내용	비고
1	경청	겉으로 드러나는 모습이 아니라 말하는 사람의 내면에 있는 감정, 동기, 가치, 욕구 등 우리가 이해해야 할 모든 것을 파악하는 적극적 경청 스킬 "네가 화가 많이 난 것 같구나." "다른 사람이 놀릴까 봐 당황스러운 것 같구나." "축구 할 때 공을 놓쳐서 실망했구나." "시험을 망쳐서 속이 많이 상했겠구나." "그 일로 정말 마음이 아팠겠다." "저런, 너 완전히 녹초가 된 것 같은데."	공감적 경청 방법 연습
2	질문	중립적이면서도 초점이 맞춰진 강력하고 핵심적인 질문 자신의 문제점과 해결책을 발견하도록 도와주는 질문 "이것이 네가 할 수 있는 가장 좋은 방법이었니?" "시험 준비 중에 잘한 일은 무엇이고 부족한 부분은 무엇이었니?" "오늘 배운 걸 설명해 줄 수 있겠니?" "내가 어떤 걸 도와주면 좋겠니?" "복습은 충분했다고 생각하니?" "지난 일주일은 100점 만점에 몇 점 정도 된다고 생각하니?" "그렇게 생각하는 이유는 무엇 때문이지?"	질문의 힘 배움
3	긍정적 피드백 (칭찬,인정, 격려)	사람에게 초점을 맞추고 학습, 행동, 노력, 과정, 기여를 구체적으로 칭찬 "네가 공부를 열심히 하는 모습이 보기에 좋구나." "숙제를 하고 있었구나!" "집중을 잘 하는데!" "설거지를 해 놓았구나. 주방이 깔끔한데." "시험은 좋은 결과를 얻는 것보다 최선을 다하는 과정이 더 중요하단다." "시합에 졌다고 해서 인생의 패배자가 되는 건 아니야."	바람직한 칭찬 알기

단계	주요 내용	세부 내용	비고
4	걸림돌 제거	말하고자 하는 것을 간결하며 중립적인 언어로 바꾸는 것 시의적절한 언어로 바꾸는 것 "네가 반복해서 지각하는 것이 내게 문제가 되는구나. 나는 네가 책임감 있는 학생이 되지 못할까 걱정이 된단다. 앞으로 수업 5분 전까지 와 줄 수 있겠니?" "네가 거실에 너의 소지품을 늘어놓으니 내게 문제가 되는구나. 이 문제를 어떻게 해결하면 좋겠니?" "이번 시험은 네가 실수한 것 같구나. 그러면 그 실수를 통해 네가 무엇을 배울 수 있을까를 우리 함께 생각해 보자."	중립 언어 연습

02

귀 기울이면

미하엘 엔데(Michael Ende)의 소설 《모모》에는 특별한 능력을 지닌 모모라는 소녀가 주인공으로 나온다. '시간을 훔치는 도둑과 그 도둑이 훔쳐 간 시간을 찾아 주는 한 소녀에 대한 이상한 이야기'라는 부제가 붙은 이 소설은, 폐허가 된 원형 극장에 모모라는 소녀가 찾아들면서 시작된다.

모모가 부모 없는 아이라는 것을 알고 마을 사람들은 원형 극장을 고쳐 방을 만들어 주고 옷과 빵을 가져다 준다. 하지만 실제로 도움을 받은 것은 오히려 마을 사람들이었다. 사람들은 모모만 만나면 엉켰던 문제가 풀리고 기분이 좋아졌다.

그 비결은 모모가 다른 사람의 말을 들어 주는 재주를 가졌기 때문이다. 어리석은 사람도 모모를 만나 자신의 이야기를 하다 보면, 갑자기 아주 사려 깊은 생각을 할 수 있게 되었다. 모모가 그러한 생각을 하게끔 무슨 말이나 질문을 해서가 아니었다. 모모는 결정을 내리지 못하거나 어떻게 해야 할지 모르는 사람들이, 문득 자신이 무엇을 원하는지 정확하게 알 수 있도록 그렇게 귀 기울여 들을 줄 알았다.

모모는 세상의 모든 것, 사람은 물론 동물, 빗줄기, 바람에도 귀를 기울였다. 온 마음으로 경청해 주는 모모 곁에서 사람들은 자신이 얼마나 소중한 존재인지 새삼 깨달았다. 모모를 잡으러 다니는 시간 도둑인 회색 신사마저도 모모 앞에서 자신의 속마음을 드러낼 정도였다. 모모의 이러한 태도는 시간을 내어 느긋하게 다른 사람의 말에 귀를 기울이는 것이 얼마나 아름다운 일인가를 말해 준다.

듣는 게 뭐가 어렵냐고 하는 사람도 있겠지만, 듣는 것은 참으로 어려운 작업이다. 누구나 자신의 말을 좀 들어 주기를 원하지만, 막상 들어 주는 사람이 없어서 스스로 외톨이가 되었다고 생각하고 절망에 빠지기도 한다. 그런데 누군가가 자신의 말을 귀 기울여 들어 주기만 해도 그는 마음의 평안을 얻고 자신을 객관적으로 바라볼 수 있게 된다. 그럼으로써 문제의 해결책을 얻기도 한다.

영화 〈울지마 톤즈〉의 이태석 신부(한국인으로 남부 수단의 톤즈에서 의료 등 봉사 활동을 하다 병으로 세상을 떠남)는 오랫동안 우리 사회에 큰 울림을 주었다. 이태석 신부를 리더십의 관점에서 연구한 어떤 이는 "그가 톤즈에서 마을을 돌아다니며 숱한 사람들을 만나고 그들의 이야기에 귀 기울여 경청하는 모습을 서번트 리더십(다른 구성원들이 공통의 목표를 이루어 나가는 데 있어 정신적·육체적으로 지치지 않도록 환경도 조성해 주고 도와주는 리더십)의 전형"이라고 하였다.

지금 우리에게 가장 필요한 것은 들어 주는 일이다. 학생들이 하는 말을 들어 주어야 한다. 코치는 먼저 듣는 사람이 되어야 한다. 코치이(코칭을 받는 피코치)가 어떤 말을 하든 먼저 들어 줄 준비가 되어 있어야 한다.

아이들이 무언가를 이야기할 때는 다 이유가 있다. 그러므로 '무슨 이유로 그런 이야기를 할까?' 하고 생각하며 들어야 한다. 학교에서든 가정에서든 듣는 수고를 아끼지 말아야 한다.

아이들과 이야기하다 보면 다음과 같이 말하는 경우가 있다.

"제가 지금 이야기하고 있잖아요."
"내가 물어본 것은 대답도 안 해 주고……."

아이들은 사실 자신의 이야기를 들어 주는 사람을 애타게 찾고 있다. 의사 결정 과정에서 자신들의 의견을 거의 반영하지 않는 부모나 선생님의 일방적인 태도에 아이들은 실망과 분노를 느낀다. 이것이 반복되면 그들은 결국 마음의 문을 닫아 버린다.

물론 아이의 이야기가 터무니없거나, 자신에게 유리하게 각색한 것일 수도 있다. 하지만 그러한 이야기 속에도 자신이 전하고 싶은 메시지가 모두 들어 있다. 따라서 코치라면 충분히 경청한 다음, 주변 상황을 고려하여 종합적인 판단을 내릴 수 있어야 한다.

가장 강력한 설득은 '경청'에서 시작된다. 다른 이의 말을 듣기 싫어하는 사람도 자기 말은 들어 주길 바란다. 모두가 원하는 '경청'이야 말로 공감대를 끌어내는 가장 간단하면서도 강력한 수단이다.

공감이 경청의 힘이다

인간의 삶은 '주고받음'을 기본으로 형성된다. 자연의 질서는 '공생'의 그물로 이어져 있으며, 나누고 베푸는 것이 경쟁과 투쟁보다 인간의 삶을 존속시키는 중요한 생활 방식이다. 우리가 나누고 베푸는 마음을 지속할 수만 있다면 어려움 속에서도 아름다운 삶을 만들어 갈 수 있다.

그리고 그러한 삶을 가능하게 하기 위해서는 한 가지 충족되어야 하는 조건이 있다. 바로 상대방의 마음을 읽을 수 있는 공감 능력이다. 특히 상대의 아픈 마음을 읽어 낼 수 있는 능력을 갖춘다면, 개인이든 기업이든 상대방에게 필요한 서비스와 가치를 제공할 수 있을 것이다.

탁월한 공감 능력으로 현재 고객뿐만 아니라 미래 고객까지 필요를 충족시켜 주어 역사에 길이 남은 분이 있다. 바로 한글을 창제하신 세종대왕이다. 《조선왕조실록》에 따르면 세종 즉위 후 여러 해 동안 가뭄이 계속되었다. 흉년으로 고생하는 백성의 아픔을 생각한 세종은 농사에 도움을 주기 위해 측우기를 만들었고, 신하들을 시켜 각 지역의 특성에 맞는 영농법을 정리한 책을 펴내도록 하였다. 그렇게 해서 나온 책이 《농사직설》이다.

그러나 글을 모르는 백성들은 그 책을 읽을 수 없었고, 그 책을 읽기 위해 한자를 배워야 했다. 늦게까지 일에 매달려야 하는 백성들에게 어려운 한자를 배우는 것은 참으로 힘든 고역이었다. 그래서 세종대왕은 더 쉬운 글자, 훈민정음의 창제를 고민하기 시작하였다. 직접 우리글을 만드는 프로젝트를 시작한 것이다.

세종대왕은 '정음청'이라는 기구를 설치하고, 집현전 학자들을 중심으로 일종의 개발팀을 만들었다. 또한 관련 지식과 정보를 구하기 위해 성삼문을 중국으로 세 번이나 파견하였다. 훈민정음 반포문을 보면 "어린 백성이 이르고자 하는 바가 있어도…… 내 이를 불쌍히 여겨…… 사람마다 널리 써서 편안하게 하고자 할 따름이니라."라는 구절이 나온다. 이 구절을 읽을 때면 세종대왕의 그 마음이 느껴져서 가슴이 뭉클해진다. 세종대왕은 백성들의 아픔과 고민, 슬픔을 자신의 것으로 온전히 받아들여 그들과 하나가 되었던 것이다. 바로 공감이라는 것은 이런 것이 아닐까?

1983년 KBS에서는 한국 전쟁 종전 30주년을 앞두고 이산가족을 위해 헤어진 가족을 찾아 주는 1시간짜리 프로그램을 기획하였다. 그런데 참여할 사람을 찾는 광고가 나가자마자 너무 많은 신청자들이 몰려, 부득이 프로그램을 여러 차례 늘릴 수밖에 없었다. 첫 방송이 나간 1983년 6월 30일 밤, 시작부터 이산가족의 상봉은 이어졌고 전국은 울음바다가 되었다. 첫 방송은 마칠 시간을 한참 넘겨 새벽 2시 30분에야

끝낼 수 있었다.

다음날부터 방송국 주변의 벽은 온통 헤어진 가족을 찾는 이산가족의 벽보판으로 변했고, 방송국은 가족을 찾기 위한 사람들로 인산인해를 이루었다. 그들의 아픈 사연에 각지에서 도움의 손길이 쇄도하였다. 각종 지원 물품과 자원봉사자들도 끊임없이 몰려들었다. 이 프로그램은 당초 예상을 넘어 138일만에 막을 내렸다. 신청자 중 1만 189명이 가족 상봉의 기쁨을 맛보았다. 길이 기억될 우리 민족의 가슴 아픈 대서사시였다.

하지만 돌이켜 보면 우리는 그때까지 이산가족의 아픔을 공감할 줄 몰랐다. 전쟁으로 인해 헤어진 가족들의 아픔을 공감하는 데 30년이나 걸렸던 것이다.

이렇듯 '공감'은 어려운 일이다. 내가 아닌 다른 사람의 마음을 헤아리고 그들의 아픔과 필요를 읽어 내려면 큰 노력이 필요하다. 당연히 공감하는 법도 연습이 필요하다. 특히, 자녀와 부모 관계, 교사와 학생 관계에서 공감은 필수이다. 공감하지 않고 어떻게 그들에게 필요한 것들을 제공하고, 혼자 일어설 수 있도록 도울 수 있겠는가? 그래서 경청을 할 때도 공감적 경청을 해야 한다.

아이들과 대화를 하면서 부모는 그들의 입장을 잘 듣고 이를 바탕으로 생각하기보다는, 먼저 판단하고 무언가를 가르쳐 주려고 한다. 그렇지만 공감하지 못한 상황에서 하는 부모의 조언이 그들의 귀에 들어갈 리 만무하다.

아이들이 하는 이야기를 메모하면서 들으면 좀 더 공감하기가 쉬워진다. 아이들의 고민이 있는 곳, 문제가 있는 곳으로 내려가서 함께 생각하고 해결책을 찾는 것이 중요하다.

학습코칭 포인트

1. 가장 강력한 설득은 '경청'에서 시작된다.
2. 공감을 할 수 있어야 상대에게 필요한 것을 전해 줄 수 있다.

03

질문의
가치

적절한 질문은 문제의 본질을 보게 한다

"오늘이 인생의 마지막 날이라면 나는 오늘 계획한 일을 할 것인
가?"

스티브 잡스는 매일 아침 이 '질문'을 던지며 하루를 시작했다고 한
다. 그리고 자신이 계획한 일 중에서 내일 죽는다 해도 오늘 꼭 해야 할
만큼 소중한 일을 찾아 그 일을 우선으로 했다고 한다. 그는 자신에게
던진 '질문'을 통해 자기 삶의 본질을 놓치지 않으려 하였고, 그에 합당
한 소중한 일을 하며 하루를 보낼 수 있었다. 덕분에 그는 "우주에 흔적

을 남기고 싶다"는 자신의 꿈에 다가설 수 있었다.

나는 어렸을 때 〈하버드 대학의 공부 벌레들〉이라는 프로그램을 즐겨 보았는데, 하버드 법대생들의 공부와 생활을 다룬 드라마였다. 거기에 나오는 킹스필드 교수는 학생들에게 항상 생각을 유도하는 질문을 던져 좀 더 깊이 사고하고 공부할 수 있도록 이끌었다.

이처럼 적절한 질문은 문제의 본질을 보게 한다. 학생들은 스스로 그러한 질문을 하는 훈련이 되어 있지 않으므로, 코치가 적절한 질문을 통해 사고력을 키우고 문제의 본질을 볼 수 있도록 도와주어야 한다. 일방적인 대화에서는 상대방이 수동적일 수밖에 없다. 상대가 능동적으로 생각할 수 있는 질문을 던져 주는 것이 코치의 역할이다.

그러나 질문이 중요하다고 해서 모든 질문이 다 효과가 있는 것은 아니다. 틀린 질문에는 맞는 답이 나올 수 없다. 영화 〈올드보이〉를 보면 이런 대사가 나온다.

> "당신의 진짜 실수는 대답을 못 찾은 게 아니야. 자꾸 틀린 질문만 하니까 맞는 대답이 나올 리가 없잖아. '왜 이우진은 오대수를 가뒀을까?'가 아니라 '왜 풀어 주었을까?'란 말이야. 자, 다시 왜 이우진은 오대수를 딱 15년만에 풀어 주었을까?"

이 대사는 퇴근하는 남자(오대수)를 납치해서 15년 동안 가두었다가 풀어 준 후, 오대수가 "누가 날 가두었을까? 왜 가두었을까?"라는 질문에 사로잡혀 있자 그렇게 해서는 답을 찾을 수 없다는 뜻으로 한 충고

이다. 질문의 전제가 잘못되면 제대로 된 답을 찾을 수 없다. 적절한 질문을 해야 올바른 답을 찾을 수 있다.

질문은 주도적으로 생각하고 행동하게 하는 중요한 코칭의 도구

'우리 아이가 왜 내 말을 안 들을까?'라는 질문으로는 적절한 해답을 찾기 힘들다. 오히려 해답에서 더 멀어지게 할 뿐이다. 왜냐하면 이 질문은 '엄마인 나는 잘하고 있는데, 아이에게 어떤 문제가 있다.'를 전제로 출발하고 있기 때문이다. 이 경우 '내가 어떤 방식으로 대해야 아이와 잘 소통할 수 있을까?', '내가 아이에게 무엇을 잘못하고 있는 걸까?'라고 질문을 바꾸어 볼 필요가 있다.

현재 상황을 잘 인식할 수 있는 질문, 문제를 해결할 수 있고 사고를 확장할 수 있는 질문, 가치의 문제를 다루는 질문 등을 해 주는 것이 좋다. 긍정적인 질문을 해야 하는 것도 잊지 말아야 할 요소이다. 긍정적인 질문은 긍정적인 사고를 끌어낸다. 또 질문하고 나서는 생각할 시간을 충분히 주어야 한다. 질문 후에 바로 대답을 재촉해서는 안 된다. 충분히 생각하고 대답할 수 있도록 기다려 주어야 한다.

"네가 무슨 일을 했지?"
"이것이 네가 할 수 있는 가장 좋은 방법이었니?"

"결과에 만족하니?"

"시험 준비 중에 잘한 일은 무엇이고, 부족한 부분은 무엇이었니?"

"오늘 배운 걸 설명해 줄 수 있겠니?"

"내가 어떤 걸 도와주면 좋겠니?"

"무슨 일로 싸웠니? 엄마에게 상황을 설명해 주겠니?"

"복습은 충분했다고 생각하니?"

"지난 일주일은 100점 만점에 몇 점 정도 된다고 생각하니?"

"그렇게 생각하는 이유는 무엇 때문이지?"

상황에 맞는 질문을 적절하게 해 주면 아이는 그에 따른 반응을 보일 것이다. 질문에는 상대방에게 자신의 문제를 스스로 고민하고 그 해결점을 찾을 수 있도록, 생각을 자연스럽게 열게 하는 신비한 힘이 있다.

아이와 적절한 질문을 주고받는 것은 학습의 의욕을 고취한다. 질문을 통해 아이는 창의적 사고, 논리적 사고, 비판적 사고 등의 사고하는 방법을 배운다.

TV 다큐 프로에 어렸을 때 입양된 한국계 유태인 하버드생이 소개된 적이 있다. 이 학생은 양부모님의 양육 방식에 대해 이렇게 이야기하였다.

"우리 부모님은 억지로 공부를 강요하지 않았죠. 항상 무언가를 생각하게 하고 여러 문제에 관해 이야기하도록 북돋아 주셨습니다."

바로 질문을 통해 아이가 더 잘 생각할 수 있도록 동기를 끌어내 주었던 것이다. 이와 같이 질문은 주도적으로 생각하고 행동하게 하는 중요한 코칭의 도구라는 것을 알 수 있다.

학습코칭 포인트

1. 적절한 질문은 문제의 본질을 보게 한다.
2. 아이와 적절한 질문을 주고받는 것은 학습의 의욕을 고취시킨다.
3. 아이는 질문을 통해 사고하는 방법을 배운다.

04

긍정의 눈

"맨날 스마트폰만 하고, 노는 데만 정신이 팔려서 공부하는 걸 통
못 보겠어요."

"시험 때가 돼도 아무 걱정도 없고, 그렇게 태평할 수가 없어요."

엄마들이 많이 하는 이야기이다. 이런 이야기를 하면 옆에서 듣고 있
던 아이는 엄마를 흘겨본다. "아니거든요~"라며 자신을 변호하고 싶은
마음이지만, 상황이 어쩔 수 없어서 그냥 듣기만 한다.

사실 아이들에게 아무 걱정이 없는 것은 아니다. 아이들의 가장 큰
걱정은 공부이고, 그다음은 진로 문제이다. 학년이 올라갈수록 진로에
대한 고민이 좀 더 커진다. 엄마가 보기에는 태평한 것 같지만 그 속을

들여다보면 그렇지 않다. 그러니 너무 단정적으로 말하는 것은 옳지 않다. 아이들도 자신에 대하여 생각하고 또 걱정하고 있다는 것만큼은 인정해 주는 것이 좋다.

"이걸 점수라고 받아 왔니?"

"너 때문에 내가 미치겠다."

"너만 아니면 우리 집에 무슨 걱정이 있겠니?"

아이는 시험 때가 되면 나름대로 긴장하고 열심히 공부하지만, 결과가 생각만큼 잘 나오지 않는 경우가 많다. 이럴 때 가장 힘든 사람은 학생 자신이다. 물론 엄마도 속이 많이 상하는 것은 사실이다. 그렇다고 위와 같이 극단적인 말을 아이에게 한다면 아이는 주저앉고 싶은 마음이 더 들 뿐이다. 노력한 부분에 대해서만큼은 인정과 격려를 해 주어야 다시 힘을 내서 다음을 준비할 수 있다.

세계적으로 성공한 사람들의 자서전이나 인터뷰를 보면 공통된 것이 하나 있다. 그들은 자신이 성공할 수 있었던 비결로, 실패와 좌절을 겪을 때마다 자신을 믿어 주고 격려해 준 어머니나 아버지, 혹은 자신감이 없던 어린 시절에 용기를 주고 칭찬해 준 스승의 존재를 꼽는 것이다.

부모님이나 스승의 말을 한평생 자산으로 가슴속에 담아 결국 성공하게 됐다며 눈시울을 적시는 모습을 보면서 인정과 격려의 중요성을 새삼 느끼게 된다.

"그렇군요~", "그렇게 생각하고 있구나." 등의 추임새를 의식적으로 사용한다면 코치의 자질을 갖추는 셈이다. 코칭은 상대방에게 초점을 맞춰 적극적인 반응을 보이는 "그렇군요~"라는 짧은 한마디로부터 출발하기 때문이다.

인정과 격려

2학기 중간고사를 치른 주영이는 기분이 안 좋고 시무룩하였다.

"시험 결과가 만족할 만했니?"

"망했죠. 뭐."

"더 떨어진 거야?"

"아뇨. 시험이 전체적으로 어려웠어요."

"그럼, 다른 애들도 어려웠겠네."

"그렇죠. 등수는 더 오를 것 같아요."

"그럼, 망한 게 아니잖아?"

"그렇긴 하죠."

주영이는 성적이 맨 뒤와 가까운 학생이었다. 가까워도 아주 가까운……. 그런데 눈높이가 올라갔는지 성적이 올라도 만족하거나 기뻐할 줄 모른다. 지난 시험 때도 그랬다. 성적이 조금 올랐는데도 다 망쳤다면서 괴로워하였다. 왜 이런 반응이 나오는 것일까?

주영이 어머니는 완벽주의자에 가깝다. 반듯하고 예의 바르고 꼼꼼하다. 이러한 성격이 사회 생활을 하면서 일을 하는 데에는 좋을지 모르지만, 자녀에게도 완벽을 요구하면 아이는 상당한 스트레스를 받을 수밖에 없다. 주영이는 어머니에게서 "부족하다", "그 정도로는 안 된다", "더 해야 한다"는 말을 자주 듣고 있다.

성적이 조금 오르거나 잘한 과목이 있어도 칭찬을 하는 경우가 없다. 어머니는 주영이가 공부를 힘들어하거나 성적이 떨어졌을 때도 격려하지 않는다. 어머니는 그렇게 하는 것이 주영이가 공부하는 데 도움이 될 거라 생각하는 것 같다. 나도 어머니와 상담을 하고 나면 불안감을 느끼는데 주영이야 오죽하겠는가? 그러다 보니 주영이 역시 성적이 올라도 만족할 줄 모르고 기뻐하지도 않는다. 오히려 무언가에 쫓기듯 불안해한다. 항상 "저, 망했어요. 완전히 망쳤어요."라는 말을 반복한다.

자존감과 자아 효능감(self-efficacy, 자신이 스스로 어떠한 상황을 극복할 수 있고 자신에게 주어진 과제를 성공적으로 수행할 수 있다는 기대나 신념)이 높은 아이가 지속적으로 공부를 잘할 수 있다. 노력한 부분에 대해서는 인정을, 부족한 부분에 대해서는 격려를 아끼지 말아야 한다.

많은 부모들이 공부에 대한 동기 부여 방법을 찾지만, 특별한 동기 부여 기법이 있는 것이 아니다. 자녀의 작은 성취를 인정하고, 어려울 때 격려를 보내는 것이 강력한 동기 부여라는 것을 알아야 한다. 또 자녀의 공부 환경에서 제일 중요한 요인은 부모라는 점도 기억해야 한다.

학습코칭 포인트

1. 자존감과 자아 효능감이 높은 아이가 지속적으로 공부를 잘할 수 있다.
2. 자녀의 작은 성취를 인정하고, 어려울 때 격려를 보내는 것이 강력한 동기 부여가 된다.

05

특별한
존재

칭찬은 코칭의 중요한 스킬 중 하나이다. "칭찬은 고래도 춤추게 한다." 라는 말이 있다. 칭찬의 중요성을 언급할 때 흔히 하는 말이다. 강사들이 빼놓지 않고 하는 말 중 하나가 자녀에게 칭찬을 많이 하라는 것이다. 그러한 강의를 들으면 부모들은 미안한 마음에 자녀를 칭찬하기 바쁘다.

그런데 한 연구 결과를 보면 '칭찬이 오히려 역효과가 될 수 있음'을 알 수 있다. 즉, '모든 칭찬은 다 좋은 것이다'가 아니라 '적절하지 못한 칭찬은 오히려 부작용을 일으킬 수 있다'는 것이다.

캐롤 드웩(Carol Dweck) 교수가 이끄는 컬럼비아 대학교 연구팀이 뉴욕의 20개 학교 학생들을 대상으로 칭찬의 효과에 관한 연구를 하였다.

초등학교 5학년생 400명을 대상으로 실험을 했는데, 실험의 목적은

'아이들을 칭찬하면 자신감이 높아질 것'이라는 칭찬의 효과를 확인하는 것이었다. 그런데 잘못된 칭찬은 오히려 아이들이 실패나 난관에 부딪혔을 때 부작용을 낳게 할 수 있다는 의외의 결과가 나왔다.

연구팀은 학생들을 두 그룹으로 나누어 문제를 풀게 한 후, 한 집단에게는 '똑똑하다'라는 칭찬을 해 주었고, 다른 집단에게는 '열심히 했다'라는 칭찬을 해 주었다. 그런 후 두 집단의 아이들에게 문제를 스스로 선택하게 했더니 결과가 다르게 나왔다고 한다. 즉, 노력을 칭찬 받은 아이들은 90%가 어려운 문제를 선택하였고, 머리가 좋다는 칭찬을 받은 아이들은 대부분 쉬운 문제를 선택하였다는 것이다. 이 실험에서 연구팀은 "지능을 칭찬 받은 아이들은 문제를 풀지 못해 칭찬을 받지 못할 것이 두려워 쉬운 쪽을 선택하는 경향이 있다."라고 결론지었다.

또 다른 실험에서 연구팀은 학생들 수준보다 2년 정도 앞선 시험 문제를 주었다. 그런데 시험 문제 풀기에 실패했을 때 두 집단은 실패 원인에 대해 다른 반응을 보였다고 한다. 노력을 칭찬 받은 아이들은 "내가 충분히 집중하지 않았기 때문이다."라고 말한 반면, 똑똑하다는 칭찬을 받은 아이들은 "내가 사실은 똑똑하지 않기 때문이다."라고 말하였다.

두 집단은 시험 문제를 푸는 태도도 달랐다. 노력을 칭찬 받은 집단은 적극적으로 문제를 풀면서 문제 해결을 위해 온갖 노력을 총동원했지만, 머리가 좋다고 지능을 칭찬 받은 아이들은 땀을 뻘뻘 흘리면서 괴로워만 하였다. 지능을 칭찬 받은 아이는 결과에 대한 집착이 커져서 과정 자체에 집중하는 힘이 약해졌던 것이다.

아이들은 칭찬에 목말라 있다. 그러나 적절하지 못한 칭찬은 독이 될 수 있으므로 코치와 부모는 이 부분에 유의해야 한다. '결과보다 과정'을 칭찬하고, '지능보다 노력'을 칭찬하는 지혜가 필요하다.

칭찬은 반드시 말로만 할 수 있는 것이 아니다. 몸짓으로도 얼마든지 칭찬의 마음을 전할 수 있다. 칭찬의 몸짓에는 고개를 끄덕이거나 미소 짓기, 감탄하는 눈짓, 엄지손가락 치켜세우기 등이 있다. 칭찬할 때 아이의 이름을 불러 주면 효과는 더욱 커질 것이다.

〈꽃〉

- 김춘수

내가 그의 이름을 불러주기 전에는
그는 다만 하나의 몸짓에 지나지 않았다
내가 그의 이름을 불러주었을 때
그는 나에게로 와서 꽃이 되었다

내가 그의 이름을 불러준 것처럼
나의 이 빛깔과 향기에 알맞은 누가 나의 이름을 불러다오

그에게로 가서 나도 그의 꽃이 되고 싶다

우리들은 모두 무엇이 되고 싶다
너는 나에게 나는 너에게
잊혀지지 않는 하나의 눈짓이 되고 싶다

저 밑바닥에 의미 없는 존재로 있던 그것은 이름이 불림으로써 의미 있는 특별한 존재가 된다. 그저 뜻 없이 존재하던 꽃은 호명을 받고 고독에서 벗어나 주체적인 만남의 관계를 형성한다.

코칭을 하면서 코치와 코치이는 서로에게 의미 있는 존재가 되어야한다. 그러기 위해서 코치는 학생의 이름을 불러 주고 '어린 왕자'처럼 정성을 기울여야 한다.

생텍쥐페리의 《어린 왕자》에는 까다롭고 공주병에 걸린 장미꽃이 나온다. 어린 왕자가 그 장미꽃의 요구를 잘 듣고 정성을 다해 돌봐 주자 소혹성 B612의 장미꽃은 수많은 장미꽃 중의 하나가 아니라, 어린 왕자에게 특별한 존재가 되었다. 그냥 지나치면 아무것도 아닌 의미 없는 것들도 내가 의미를 부여해 주고 사랑을 주면, 나에게는 특별한 존재가 된다. 칭찬을 통해 아이와 코치는 특별한 관계가 될 수 있다.

학습코칭 포인트

1. 결과보다 과정을 칭찬하고, 지능보다 노력을 칭찬하자.
2. 칭찬의 몸짓에는 고개 끄덕이기, 미소 짓기, 감탄하는 눈짓, 엄지손가락 치켜세우기 등이 있다.

"주성아, 너 그동안 참 힘들었구나"

고1이 되는 주성이는 안 다녀 본 학원이 거의 없었다. 영어·수학 학원은 기본이고 속독 학원, 연상기억법 학원, 스파르타식 기숙 학원, 자기주도학습관 등 거의 모든 종류의 학원에 다녀 보았다고 한다. "이 동네 근처에 있는 학원은 다 다녀 봤을 거예요."라며 불만에 가득 찬 얼굴로 이야기하던 주성이. 당연히 주성이가 원해서 간 것은 아니고, 엄마가 다니라고 해서 다녔다고 한다. 다니던 학원을 그만두는 것도 엄마가 결정을 내렸다. 자신의 의지와 무관하게 수많은 학원에 들어갔다 나오기를 반복하였다.

주성이가 만신창이가 되어 있었다고 하면 조금 과장된 표현일까? 힘들게 지나온 지난 시간을 말하며 눈가가 점점 촉촉해져 왔다.

"주성아, 너 그동안 참 힘들었구나."라며 등을 다독여 주었더니 그 말은 들은 순간 주성이는 참았던 눈물을 터트리고 말았다. 자기의 마음을 알아주는 사람을 만나서 너무도 반갑고 고마웠던지 서럽게 흐느꼈다. 그런 모습을 보고 있으려니 나도 마음이 아팠다.

옛날 어느 유명한 작곡가는 자신에게 개인 지도를 받으러 오는 학생 중에서 다른 곳에서 지도를 받았던 사람은 처음 지도를 받는 사람보다도 수업료를 더 많이 받았다고 한다. 백지 상태인 사람보다 여러 가지 선입견이나 잘못된 습관이 많아서 손이 더 많이 가기 때문이었다.

마찬가지로 주성이처럼 많은 학원을 순례한 학생에게는 코치로서의 더 큰 노력이 필요하다. 웬만큼 마음을 추스른 후 우리는 앞으로의 계획에 관해 이야기를 나누었다.

주성이는 아직 구체적인 꿈이 없었다. 당장 꿈이 생기지 않는다면 좀 더 시간을 갖고 기다려야 한다. 꿈을 찾기 위해서라도 공부를 더 해 보기로 하였다.

"주성아, 너 신문 보는구나"

주성이에게 교과서를 읽어 보라고 하였는데, 한 페이지 읽는 것도 힘들어하였다. 한 번 더 읽은 뒤에 노트에 적어 보라고 하였다. 그런 다음

나에게 설명을 해 보라고 하였다. 역시 힘들어하였다.

"선생님, 저는 왜 말을 잘 못 하죠? 답답해요."

"말을 못 하는 게 아니라 내용을 제대로 이해하지 못하고 생각이 정리가 안 돼서 그러는 거야. 이제부터 조금씩 연습하면 돼."

수업 시간마다 읽고 요약하고 말해 보기를 계속하였다. 그리고 읽기 능력을 키우기 위해서 신문 기사를 읽고 서로의 생각을 나누었다. 주성이는 신문을 읽고 말하는 것에 흥미를 느끼고 적극적이었다. 그래서 수업이 없는 날도 집에서 신문을 읽을 것을 권하였다. 조금씩 신문을 읽는 날이 많아졌다. 생각도 조금씩 깊어지는 것이 느껴졌다.

어느 날 나는 "주성아, 너 신문 읽는 거 부모님이 아셔?"라고 물었다.

"아마 아실 거예요."

"신문 보는 것에 대해 아무 말씀도 하지 않으셨나 보네?"

"네, 왜 신문 보느냐고 물어보지도 않네요."

실망한 표정으로 주성이는 말하였다. 칭찬을 받고 싶은 주성이의 마음을 아는지 모르는지, 또 그렇게 중요한 순간을 부모님은 놓치고 있었다. "주성아, 너 신문 보는구나." 이 한마디면 아이는 뿌듯한 마음에 신이 나서 더 열심히 신문을 읽고 자존감이 올라갈 텐데 말이다.

이러한 상황에서 코치는 아이가 의기소침하지 않도록 주의해야 한다. 나는 그동안 해 왔던 과정에 대해 주성이와 이야기를 나누면서 조금씩 발전하는 모습을 말해 주고, 스스로 내적 동기가 발현될 수 있도록 격려해 주었다.

또 매주 주간 일지를 통해 한 주간의 성과를 피드백해 보는 시간을 가졌다. 자기 조절 능력을 기르기 위해서는 무작정 공부를 열심히 하는 것보다 자신을 되돌아보고 스스로 고쳐 나가려는 노력이 훨씬 중요하다. 주성이는 매주 자신을 평가하면서 좀 더 나아지기 위해 노력하였다. 다행히 그러한 노력에 대한 진심이 통했는지 어머니도 더는 간섭하지 않으셨다. 그제야 주성이는 자신만을 위한 공부를 할 수 있었다.

주성이에게 적절한 피드백을 해 주었듯이, 코치는 학생에게 동기를 부여하는 아이디어, 개념, 제안, 조언 등 새로운 생각을 제시(메시징, Messaging)하여 학생이 초점을 유지하게 할 필요가 있다. 이러한 메시징과 피드백은 학생을 각성시켜 행동하게 하고 전환이 일어날 가능성을 열어 준다. 이 기법이 실제로 작동하기 위해서는 코치와 학생 간의 신뢰 관계가 전제되어야 한다.

> "얘, 너는 평소에 예습 복습을 안 하니까 성적이 잘 나올 수 있니? 이제 매일 예습 복습해!"
> "너, 이제부터는 학원이고 뭐고 다 끊고 집에서 혼자 공부해."

시험이 끝나고 나면 부모는 나름대로 분석한 다음, 대응 방안을 찾아내어 메시지를 전한다. 하지만 아이도 나름대로 생각한 것이 있으므로 일단 아이의 의견을 들어 보고, 적절한 타이밍에 메시징을 하는 것이 좋다.

코칭 대화에서 유용하게 사용할 수 있는 메시징 방법으로 조언, 충고, 제안, 목표 정하기 등이 있다. 이때 주의할 점은 되도록 간결하게 질문하고, 코치의 의도를 내보이지 않으면서 중립적 언어(코치가 학생의 행동에 관해 판단이나 비난을 하지 않는 언어이다. 학생이 한 사실적 행동이나 주고받은 정보와 같은 아이의 실제적 경험에 초점을 맞춘 언어, 코치가 직접적인 해결 방향을 제시하지 않는 언어이다.)를 사용해야 한다는 것이다. 또한 학생이 변화의 가능성을 열어 가면서 목표를 향해 나아갈 수 있도록 하는 메시징이어야 한다. 중립적이지 않으면 아이는 마음속으로 반감을 갖게 될 것이고, 코치의 의도대로 끌려가지 않겠다는 생각을 갖게 되므로 코칭이 효과를 거두기가 어렵다.

"너, 그러면 안 돼."

"너, 이제부터 매일 세 시간씩 공부해!"

"엄마가 복습하라고 했지? 왜 말 안 들어?"

이러한 지시나 명령을 받는다고 해서 아이들이 곧바로 반성하면서 시키는 대로 공부에 열중하지는 않는다.

A : 이번 시험 준비는 잘 되었던 거 같니?

B : 조금 부족했던 거 같아요.

A : 어떤 부분에서 준비가 부족했을까?

B : 공부할 분량이 너무 많아서 미리 좀 공부를 해야 했는데 그러질 못했어요.

A : 그럼 다음 시험을 위해서는 어떻게 준비하는 게 좋을까?

B : 평소에 공부를 좀 해야 할 것 같아요.

A : 그럼, 평소에 어떻게 공부할지 계획을 세워 볼까?

지시나 명령은 사람을 변화시키기 어렵다. 적절한 메시징을 통해 공동의 목표를 이루기 위한 방법을 찾고, 객관적으로 상황을 바라보다 보면 해결책을 찾을 수 있게 된다.

또 아이들은 학년이 올라가고 나이를 먹으면서 다양한 문제에 직면하게 되는데, 매일 새로운 경험의 연속이라 표현해도 과언이 아니다. 아이들은 상황의 변화와 새로운 경험, 증가하는 학습량 때문에 당황하기도 하고 좌절하기도 한다. 그래서 아이들은 마음을 나누고 조언해 줄 친구나 멘토를 간절히 찾고 있다. 훌륭한 코치는 적절한 메시징을 통해 아이의 인생에 등대가 되어 줄 수 있다.

코치는 함께하는 사람이요, 보여 주는 사람이다

모든 코칭이 그러하겠지만 때로는 코치가 학생에게 직접 시범을 보여 줌으로써 더 빨리 의사 전달을 할 수 있다. 운동선수에게 운동을 가르칠 때 코치는 먼저 시범을 보여 준 후 선수에게 똑같이 따라 하게 한다. 말로 설명하는 것보다 직접 시범을 보여 주면 선수는 훨씬 쉽게 따라 할 수 있다. 학습코칭도 마찬가지이다. 학생과 같이 사전을 찾아본다든지, 책을 읽거나 복습하는 것을 직접 보여 준다든지, 시험 준비 계획표를 함께 작성해 보면, 학생들은 따라 하면서 쉽게 이해하고 배울 수 있다. 단순히 지시나 설명만으로는 학생이 그 내용을 소화할 수 없으므로 시간이 걸리더라도 직접 하는 방법을 보여 주는 것이 좋다.

부모도 자녀에게 "공부해라", "숙제해라", "독서해라" 등의 충고만 할 것이 아니라 직접 공부하거나 책을 읽는 모습을 보여 주고, 아이가 공부를 힘들어할 때는 힘든 부분을 함께 해결하기 위해 같이 생각해 보는 것이 필요하다. 코치는 가르치기만 하거나 지시하는 사람이 아니라 함께하는 사람이요, 보여 주는 사람이다.

피드백 스킬의 유용성

코치가 피드백을 할 때도 어떤 평가 기준을 가지고 피드백을 하느냐가 중요하다. 현재 학생들에게는 성적이 가장 큰 피드백의 도구가 되고 있다. 그런데 과연 성적이 아이들의 행동을 변화시키고 동기를 강화하는 유용한 측정 도구이며, 효과적인 피드백 방식일까? 더 나은 측정 방법이 없는 것일까?

성적이 그 사람의 실력 향상이나 공부에 대한 과정을 반영해 주는 유일한 도구라고는 할 수 없다. 물론 성적이 그룹이나 학교에서 상대적인 위치를 파악하기에 용이한 도구인 것은 사실이다. 그러나 성적만으로 학생에게 피드백을 하는 것은 학생을 좁은 틀에 가두는 것과 다름없다. 새롭고 효과적인 측정 도구와 기준을 가지고 피드백을 할 수 있다면 좀 더 유익한 코칭을 진행할 수 있을 것이다. 가령, 매일 공부에 집중한 시간을 측정한다든지, 실제 공부한 양을 비교한다든지, 공부에 대한 만족도를 평가한다든지, 읽기에 집중하는 시간을 재 보는 등의 성적 이외의 다른 기준으로도 얼마든지 평가가 가능하다. 이러한 다양한 방법들은 공부에 대한 새로운 시각을 열어 줄 수 있다.

학습코칭 포인트

1. 지시나 명령은 사람을 변화시키기 어렵다. 적절한 메시징을 통해 목표를 이루기 위한 방법을 찾고, 객관적으로 상황을 바라보다 보면 해결책을 찾을 수 있다.
2. 효과적인 측정 도구와 기준을 가지고 피드백을 할 수 있다면, 좀 더 유익한 코칭을 진행할 수 있다.

제3장

학습의
열망

01

재미와
의미

아이들은 원래 학습 동기가 높다

모든 인간에게는 알고자 하는 본능이 있고, 아이들도 당연히 공부에 대한 열망이 높다. 아이들은 원래 학습 동기가 높다. 어렸을 때 아이는 호기심에 가득 찬 눈빛으로 "엄마 이게 뭐야?"라고 쉴 새 없이 물으면서, 온종일 지치지도 않고 세상에 대한 궁금증을 풀어낸다. 하지만 학교에 들어가고 학년이 올라가면서 아이의 학습 동기가 떨어졌다며 하소연하는 부모들이 많다. 또 수업 시간에 딴짓하는 학생들이 늘어나 정상적인 수업 진행이 어렵다고 호소하는 선생님들도 많다.

이미 주어져 있고 의무적으로 해야 하는 학교 공부에 아이들이 흥미를 갖는 것은 쉬운 일이 아니다. 스스로 선택한 주제가 아니고, 또 선생님의 일방적인 가르침도 아이들이 수업에 흥미를 갖지 못하게 하는 요인이다. 여러 가지 상황과 조건에 의해 재미없는 수업이 반복되면 아이들은 무기력에 빠지기 쉽고, 알고자 하는 선량한 본능은 점점 위축되기 시작한다.

재미와 의미를 발견하는 공부

어느 여름날 초등학교 4학년인 영민이와 나는 아버지가 차를 가지러 간 사이 건물 앞에서 잠시 이야기를 나누고 있었다. 부모님이 맞벌이를 하다 보니 부모님과 대화할 시간도 별로 없었고, 함께 놀 시간도 없어서 영민이는 이래저래 불만이 많았다. 집에서 혼자 늦은 시간까지 있다 보면 무섭기도 하였다. 그래서 게임을 통해 심심함과 무서움을 이겨내는 게 영민이의 일상이 되었다. 부모님은 저러다 영민이가 게임에 중독될까 봐 걱정이 많았다. 부모님은 영민이의 공부 습관을 잡아 주어야겠다는 생각에 코칭을 시작하게 되었다.

지나가는 차를 구경하던 영민이가 갑자기 "선생님, 저기 달팽이가 있어요."라고 소리쳤다.

"어디? 정말 달팽이가 있네."

아주 작은 달팽이였다. 영민이는 직접 달팽이를 본 건 처음이라고 말하며 신기한 듯 계속 쳐다 보았다.

"달팽이는 눈이 어디에 있을까?"

영민이는 달팽이의 더듬이를 가리키며 "여기요."라고 말했다.

"그래? 그럼, 살짝 건드려 볼까?"

더듬이를 건드렸더니 달팽이가 순간 움츠러들었다.

그 모습에 신이 난 영민이는 좀 더 가까이 다가갔다.

"달팽이 발은 어디 있을까?"

달팽이 몸의 바닥을 가리키면서 그게 발인 것 같다고 하였다.

"달팽이 등껍질이 어떤 느낌인지 살짝 만져 봐."

등껍질을 만지더니 "딱딱한데요."라고 하였다.

그렇게 5분 넘게 달팽이를 구경하고 있는데 영민이 아버지가 차를 몰고 오셨다. 차를 타자마자 영민이는 큰 소리로 아버지에게 이야기하였다.

"아빠, 아까 달팽이를 봤어요!"

"어, 그래?"

재미있는 대화를 기대했던 영민이는 아버지의 무심한 듯한 대꾸에 순간 당황하여 말을 잇지 못하였다. 그래서 나는 영민이 아버지와 둘이 있게 되었을 때 "그럴 땐, '어 달팽이가 있어?' '어디에?'라고 하면서 관심을 보여 주고 맞장구를 쳐 주셔야죠. 그리고 달팽이를 보면서 느낀 점을 말해 보게 하고, 아빠가 예전에 체험한 달팽이에 관해서도 이야기해 주면 좋고요. 학습 동기를 올려 주는 방법은 멀리 있는 게 아니라, 아이가 흥미와 관심을 가진 부분부터 자연스럽게 시작하면 됩니다."라고 말하였다.

공부에 대한 관심과 흥미를 키우는 방법은 멀리 있는 것이 아니다. 아이가 호기심을 보이는 부분에 눈을 맞춰 주면, 아이는 그것을 바탕으로 공부에 점점 더 관심을 기울이게 된다.

아이의 학습 동기를 올려 주기 위해 부모들은 많은 애를 쓴다. 그리고 성적을 올리기 위해 학원 순례를 마다하지 않는다. 그러나 아이는 생각만큼 따라와 주지 않고, 부모의 속은 새까맣게 타들어 간다. 이것은 아이가 재미를 느끼고 흥미를 보이는 것에서부터 시작해야 한다는 것을 부모가 잊었기 때문에 생기는 일들이다.

부모 입장에서는 달팽이 한 마리가 뭐 그리 중요하냐고 생각할 수도 있겠지만, 아이 입장에서는 참으로 중요하고 흥미진진한 일이다. 아이가 중요하게 생각하는 것에 함께 관심을 갖는다면 자연스럽게 공부로 연결할 수가 있다. 집에 와서 달팽이에 관한 책을 찾아보거나 영상을 확인하면, 학습에 대한 열의가 자연스럽게 더 올라갈 것이다.

세상을 향한 날갯짓

부모와의 갈등이나 거듭된 실패 경험 등으로 자존감이 훼손되고 무기력이 학습된 학생에게는 좀 더 적절한 대응이 필요하다.

학습코칭 초기에 만났던 중1 한수가 지금도 가끔 생각난다. 한수의 아버지와 먼저 상담을 하게 되었는데 무엇이 고민되느냐고 물었다.

"네, 아이가 학교도 재미없다 하고 학원도 안 다닌다고 해서 얼마 전에 그만두었어요.”

“학원은 왜 안 다닌다고 그러던가요?”

“일단 학원 수업을 못 따라갑니다. 학교도 마찬가지고요. 친구들하고
도 사이가 안 좋아요. 애가 체격이 작아서 그런지 아이들한테 괴롭힘도
당하는 것 같고요. 사내자식이 참 문제가 많아요.”

“공부는 기초가 부족한 편인가요?”

“네, 수업 시간에 무슨 얘기를 하는지 통 못 알아듣겠다고 하는군요.”

“아이는 어떻게 하겠다고 하던가요?”

“학원은 안 다니겠대요. 힘들다고요. 어떻게 해야 할지 고민입니다.”

이렇게 부모님과 먼저 이야기를 나누고 그날 바로 아이도 만났다. 아
이는 중학생답지 않은 작은 키에 똘망똘망한 모습이었는데, 전혀 예상
밖의 모습으로 나를 맞아 주었다. 책상에 발을 올려놓고 게임을 하면서
나를 기다리고 있었던 것이다. 그동안 과외와 학원을 자주 바꾸다 보니
새로 만나는 선생님에 대해서도 별 관심이 없는 것 같았다. 나는 아이
에게 다가갔다.

“책상에 다리를 올리고 있네. 너 여기까지 올릴 수 있어?”

나는 좀 더 높은 곳을 가리키며 물었다. 아이는 다리를 올리려고 애
쓰더니 다리를 내려놓으면서 말했다.

“여기까지만 올리고 있을게요.”

“그래, 그렇게 올리고 있다가 힘들면 내려놓아도 된다.”

나는 웃으면서 말했다.

“너는 키가 좀 작은 편이구나. 선생님도 학교 다닐 때 키가 작아서 엄

청 고생했었어. 아이들이 놀리기도 하고……. 넌 어때?"

"지금은 그렇게 작아 보이지 않는데……. 정말이세요?"

"그럼, 지금 너보다도 더 작았어. 친구들은 그런 나를 땅콩이라고 불렀고, 어떤 선생님은 귀엽다고까지 했다니까. 난 귀엽다는 말이 그때는 정말 싫었어."

"네, 맞아요. 저도 그것 때문에 힘들어요."

"공부는 어때? 아빠가 걱정 많이 하시던데."

"좀 내버려 두셨으면 좋겠어요."

"선생님도 학생 때 아버지가 공부 때문에 엄청 혼내셨지. 공부 안 하면 잘못된다고. 꼭 좋은 대학에 가야 한다면서……. 공부 안 한다고 매 맞은 적도 있어."

"아, 부모님들은 다들 그런가 봐요."

"지금은 이해가 되는데 그때는 솔직히 이해를 못 했어. 내가 미워서 그러는가 보다 그런 생각도 했었으니까."

"전 공부라는 게 아예 없어졌으면 좋겠어요. 솔직히 학교 생활도 너무 힘들고."

아이는 여러 가지 이유로 학습에서 멀어져 가고 있었다. 공부도 힘들고 아이들과 관계를 맺는 것도 힘들다고 하였다. 특히 외모에 대한 콤플렉스 때문에 자존감도 많이 낮아진 상태였다. 부모님의 기대치는 상당히 높은 편인데, 거기에 부응하지 못하는 자신의 모습 때문에 많이 힘들다고 하였다.

"아까 아빠랑 이야기를 나눠 보니까 아빠가 공부에 신경을 많이 쓰시던데……. 아빠랑 대화 많이 하니?"

"아니요. 아빠랑 대화하는 거 싫어요. 아빠는 늘 제가 잘못한 거에 대해서만 말씀하시니까……"

"나도 어렸을 때 아버지랑 대화가 거의 없었어. 일방적이었지. 공부 안 한다고 매일 혼내시기만 하고, 한번도 내 고민에 대해서 진지하게 들어 주지 않으신 것 같아. 물론 지금은 이해가 되지만 그때는 정말 이해가 안 되었지."

"도대체 어른들은 왜 그럴까요?"

"아마도 그건, 여유가 없어서 그럴 거야. 어른들은 너무 바쁘거든. 책임감 때문에……. 가족을 지켜야 한다는 책임감 말이야. 순간 잘못 판단하거나 실수하면 가족들이 바로 피해를 입거든. 예를 들어, 사기를 당하거나 하면 가족들이 금방 거리로 쫓겨날 수도 있지. 넌 아직 학생이고 경험이 없어서 얼른 이해가 되지 않을 수도 있지만, 차차 알게 될 거야. 너도 이제 중학생이 되었으니 네 행동에 대해서는 어느 정도 책임을 질 줄 알아야겠지?"

"그래도 저는 빨리 어른이 되었으면 좋겠어요. 공부를 안 해도 되고 시험도 안 보잖아요?"

"그래? 정말 그럴까? 혹시 어른들이 학생 때보다 더 많은 시험을 보고, 공부도 더 많이 해야 한다는 사실을 알고 있니?"

"정말요? 전 이해가 안 되는데요?"

"그래, 그렇기도 하겠지. 하지만 사실이야. 또 학교에서는 시험 범위가 다 정해져 있지. 날짜도 미리 알려 주고. 뭐가 나오는지도 문제집을 보면 다 알 수 있어. 그걸 여러 번 정리하고 풀어 본다면 충분히 좋은 성적을 받을 수도 있지. 그런데 어른들의 세상은 그렇지 않아. 절대 미리 시험 문제를 가르쳐 주지도 않고 날짜를 알려 주는 법도 없어. 그게 세상이야, 진짜 세상. 만약 한수가 음식점을 열었다면 음식을 맛있게 만들기 위해서 끊임없이 연구해야 하고, 직원도 뽑아야 하고, 또 손님을 많이 끌어오기 위해 홍보도 해야 해. 그런 문제들을 모두 스스로 해야 하는데, 몇 번 실수라도 하는 날에는 음식점 문을 닫아야 하는 상황이 벌어질 수도 있지."

"그게 시험이에요?"

"그렇지. 문제도 날짜도 알 수 없는 시험을 매일 치르는 게 진짜 세상이야. 그렇게 보면 학교는 진짜 세상이 아니라고 할 수 있어. 문제가 생겼을 때 선생님께 말씀드리면 어느 정도는 다 해결이 되잖아. 하지만 세상에서는 물어보기만 하는 데도 다 돈이 든단다. 쉽게 가르쳐 주지도 않고. 그런데 네가 지금 하기 싫어하는 공부를 열심히 하면, 세상에서의 진짜 시험을 좀 더 쉽게 헤쳐나갈 수 있어. 네가 지금 공부를 하는 것이 학교에 영원히 남기 위해서 하는 것은 아니잖아?"

"그렇죠. 세상에 나가기 위해서죠."

"맞아, 세상으로 나가기 위해서야. 어른이 되기 위해서 하는 거지. 준비를 착실하게 하지 않으면 많은 어려움이 닥칠 테니까."

아이들은 세상을 경험해 보지 않았기 때문에 미숙하다. 그러나 어린 새가 열심히 날갯짓을 연습하여 창공으로 날아가듯, 아이들도 열심히 날갯짓을 배워 자신만의 힘으로 날아오를 것이다. 그런데 하늘을 날아 보지 못한 새가 세상의 무서움을 모르듯, 아이들도 지금 그런 상태이다. 자신의 문제가 제일 크고 중요하며, 자기에게 주어진 숙제들이 무겁게 느껴지기만 한다.

"그래서 어른들이 그렇게 공부하라고 하는 거야. 적어도 날짜와 범위를 알려 주는 시험은 누구나 준비만 잘한다면 어느 정도의 성과를 낼 수 있지. 나는 네가 그렇게 할 수 있도록 도울 거야. 괜찮지?"

"네, 그럼 앞으로 어떻게 하는 건가요?"

"공부를 잘하기 위해서는 공부 습관이 중요해. 특히 매일 조금씩 빠지지 않고 해 나가는 것이 중요하지."

"네, 그럼, 다음 시간에 준비할 것을 알려 주세요."

아이와의 첫 만남은 이렇게 끝이 났다. 그리고 매주 아이와 힘들지만 즐거운 수업이 계속되었다. 코치는 첫 만남에서 아이를 파악하고, 또 깊은 인상을 심어 주는 것이 중요하다. 아이가 학습에 흥미를 느끼고 다시 공부를 시작할 수 있도록 새로운 관점을 제시하여, 공부 동기를 끌어내 주어야 한다.

학습코칭 포인트

1. 아이들에게는 알고자 하는 선량한 본능이 있다.
2. 아이가 관심 있는 부분에 함께 눈을 맞춰 주면, 아이는 그것을 바탕으로 공부에 점점 더 관심을 기울이게 된다.
3. 무기력한 학생은 코칭 대화를 통해 새로운 관점을 제시하여 학습 동기를 끌어내 주어야 한다.

02

공부를 하는 이유

    어떤 학부모가 직장을 마치고 집에 돌아와 보니 초등학교에 다니는 아이가 숙제는 하지 않고 게임만 하고 있었다. 직장 일도 피곤한 몸을 이끌고 집에 와서 그런 아이의 모습을 보니 짜증이 났다. 올라오는 화를 누르며 아이와 숙제에 대해 한번 이야기해 봐야겠다는 생각이 들었다. "왜 숙제를 하지 않았느냐?"고 물으니, 아이는 "숙제가 너무 많아서 하기 싫고, 숙제를 왜 해야 하는지 모르겠어요. 무의미해요."라고 말하였다. 그 말을 들은 엄마는 말이 나오지 않을 정도로 기가 막혔다. '세상에, 숙제가 무의미하다니? 숙제는 당연히 해야 하는 것 아닌가?' 하지만 무턱대고 무조건 숙제를 해야 한다고 강요할 수도 없는 노릇이었다. 그래서 학습코칭 강의에서 들은 것을 활용해 보기로 하였다.

"엄마도 숙제가 있어."

"엄마가 무슨 숙제가 있어요?"

엄마는 자신의 플래너를 보여 주면서 아이에게 말하였다.

"거래처에 서류를 정리해서 보내 주고, 여러 가지 내용을 그날 안으로 정리해야 할 게 많아. 어떤 숙제는 밤 12시가 넘어도 해야 하는 날이 있어. 네가 할 숙제는 범위가 정해져 있지?"

"네, 정해져 있어요."

"그래, 그런데 어른들 숙제는 범위가 확실하지 않아. 자기가 어떻게 하느냐에 따라 결과가 달라져. 네가 숙제를 하지 않으면 어떻게 되지?"

"선생님께 혼나요."

"그렇지. 하지만 어른들 숙제는 달라. 숙제를 제때 하지 않으면 거래처에서 더는 주문을 하지 않아. 사업을 오래 할 수가 없지. 너도 얼른 어른이 되고 싶겠지?"

"네, 어서 어른이 되고 싶어요."

"나이를 먹는다고 어른이 되는 것은 아니야. 어른이 될 준비를 해야지. 학교 숙제는 어른이 되기 위해서 연습하는 거야. 그러니 너는 너의 숙제를 열심히 하고, 엄마는 엄마의 숙제를 열심히 하자."

아이는 가만히 엄마의 말을 듣고는 아무 말 없이 자기 방으로 가서 숙제를 하였다고, 참 신기했다며 경험담을 털어놓았다.

이처럼 숙제를 하지 않는다고 무조건 혼을 낼 것이 아니라 차분하게 아이와 대화를 하다 보면, 아이 스스로 마음 정리를 하고 공부에 몰두하게 되는 모습을 확인할 수 있다.

그런데 저학년 때는 엄마가 시키는 대로 착실하게 공부를 잘하던 아이가 학년이 올라가면서 갑자기 "왜 공부해야 하는지 잘 모르겠다."라며 공부를 하지 않는 경우가 있는데, 그것은 자연스러운 현상으로 이해해야 한다.

공부를 해야 하는 이유가 무엇일까?

아동기를 넘어서 청소년기에 접어들면, 공부를 열심히 하던 아이들도 '왜 공부를 해야 하는가?' 하는 의문을 품게 되는 경우가 많다. 이것은 자아 정체성을 형성하는 과정에서 자연스럽게 나타나는 현상이다. 따라서 학생이 성장하면서 '왜 공부해야 하는지'에 대해 나름대로 고민과 생각을 하도록 기회를 주어, 공부에 대한 생각과 입장을 정리하게 하는 것이 필요하다. 스스로 생각이 정리되지 않으면 공부라는 대장정에서 자칫 낙오하기 쉽다.

아이들은 매일 부모님이나 선생님으로부터 '공부하라', '공부를 안 하면 미래가 없다'는 식의 이야기를 수시로 듣고 있지만 크게 효과가 있는 것 같지는 않다. 중요한 것은 학생 자신이 공부하는 이유와 목적을 인식하고 느끼는 것이다. 수업 중에나 평소에 생각 거리를 던져 주어 학생 스스로 공부의 필요성을 느끼는 것이 중요하다.

자신과 대화하기

우현이는 중학교 2학년에 다니는 평범한 학생이다. 초등학교 때까지는 그런대로 공부를 하는 것 같았는데, 중학교에 들어오면서 공부에 흥미를 잃고 중하위권을 맴도는가 싶더니 하위권에 차분하게 안착하였다.

물론 엄마의 걱정이 이만저만이 아니다. 학원도 과외도 보내 봤지만 효과를 거두지 못했을 뿐만 아니라, 공부에 대한 의욕도 잃어버려 학원도 다니지 않고 있다. 설상가상으로 요즘에는 학교도 가기 싫다고 아침이면 늑장을 부려 엄마와 한바탕 전쟁을 치르기 일쑤이다. 이를 보다 못한 엄마는 전문 기관에서 상담 치료도 해 보았지만, 반응은 신통치 않았다.

우현이는 집에 오면 바로 자기 방에 틀어박혀 인터넷 게임으로 시간을 보낸다. 자연히 엄마와 다투는 시간이 많아졌다. 그러다 보니 성격까지 삐뚤어져서 반항적으로 나와 엄마도 감당하기 벅찰 정도가 되었다. 어쩌다 모자 사이가 이렇게 되었는지, 어디서부터 문제를 해결해야 할지 엄마는 난감하기만 하다.

길을 찾던 우현이 엄마는 내게 연락을 하였고 우현이와 상담이 시작되었다. 하위권 학생들이 흔히 그렇듯이, 우현이는 꿈도 없고 자존감도 형편없이 낮았다. 자신을 필요 없는 존재라 생각하는 부정적인 의식이 마음속 깊이 자리하고 있었다. 꿈이 있고 자존감도 높은 학생은 매사에 적극적이고 공부 의욕이 높다. 먼저 자신과 자신의 미래를 긍정적으로 볼 수 있도록 도와주는 것이 필요하였다. 그래야 행복한 마음으로 책상 앞에 앉을 것이기 때문이다.

"너, 사실 공부 잘하고 싶지? 그런데 마음같이 잘 안 돼서 답답하지?"

"네……"

"너무 걱정하지 마. 나도 학교 다닐 때 자주 그랬으니까. 그때는 부모님의 잔소리가 정말 듣기 싫었지. 공부를 왜 해야 하는지도 모르겠고……. 그래서 한동안 공부도 멀리하고 방황도 많이 하였어. 지금 생각해 보면 나한테 꿈이 없어서 그랬던 거 같아. 그러면서 괜히 부모님만 원망했으니……"

"……"

우현이는 잠자코 듣기만 하였다.

"공부는 나중에 하고 우선 너 자신에 대해 좀 생각해 볼까? 너의 꿈과 소망, 하고 싶고 가 보고 싶고 해 보고 싶은 것, 그런 것들 말이야. 그렇게 너 자신에 대해 알아 가다 보면 공부해야 할 이유도 하나둘 생길 거야. 그렇게 공부하다 보면 지금은 없는 네 꿈도 생길 테고……. 그러니 천천히 하나둘씩 알아보자."

이렇게 말하고 공부를 다시 시작하기에 결코 때가 늦지 않았음을 설명하며 위로해 주었다. 그리고 우현이 어머니에게도 "안 돼, 왜, 하지 마"와 같은 부정적 의미가 담긴 말과 "숙제해, 일어나, 공부해"와 같은 명령조의 말을 사용하지 말 것을 권유 드렸다. 우현이 어머니는 나의 요청에 좀 당황하셨지만 노력해 보겠다고 약속하였다.

어머니는 좀 더 너그러운 태도로 바뀌고 잔소리도 줄어들었다. 우현이에게는 자신감을 가지고 자신을 바라볼 수 있도록 동기 프로그램을 진행하였다. 그리고 우현이의 부족한 읽기 능력 향상을 위해 슬로 리딩 (3SR2E) 연습을 진행하였다. 그렇게 몇 주가 지나자 우현이는 공부에 집중하는 시간이 늘어났다.

우현이는 매일 공부할 분량을 정해서, 그것만큼은 꼭 하기 위해 책상 앞에 앉았다. 어머니도 우현이가 다시 책상 앞에 앉아 책을 읽는 모습을 보며 안도하였다.

공부에 흥미를 잃은 아이에게 왜 공부하지 않느냐고 다그치면 아이는 더 엇나가기 마련이다. 그럴 때일수록 자신과의 대화를 통해 목표와 진로에 대해 생각해 보고, 자신의 꿈을 향해 나아갈 수 있도록 이끌어 주어야 한다.

학습코칭 포인트

1. 숙제를 의무감으로 시키기보다, 그것이 어떤 의미를 지니는지 설명해 주어야 한다.
2. 공부를 하는 이유와 목적은 주입하는 것이 아니다. 적절한 대화를 통해 스스로 의미를 찾을 수 있도록 도와줘야 한다.

03

목표와
질서

하버드 대학이나 미국 명문대에 입학하고도 낙제를 하거나 중도 포기하는 학생이 계속 나오자 그 이유를 알기 위해 하버드교육위원회는 오랜 기간 조사하고 연구했는데, 그들이 내린 결론은 다음과 같다.

"이 학생들은 장기적인 인생 목표가 없었다."

이들의 목표는 하버드 대학에 입학하는 것 자체였기 때문에 그 목표를 이룬 순간 방향을 잃어버리고, 삶의 의미 또한 잃어버렸던 것이다.

대학에 진학한 많은 학생들이 적성에 맞지 않는 학과 때문에 어렵게 입학한 대학에서 공부에 열중하지 못하고 고민하고 방황한다. 자신의 인생 전체를 놓고 좀 더 큰 그림을 그리며 진학을 준비하지 않았기 때문이다. 따라서 어려서부터 꿈과 목표를 갖고 인생을 바라볼 수 있도록 도와주어야 한다.

"꿈을 가지라."는 말은 아이들에게 막연하게 들릴 것이다. 무조건 열심히 하라고 다그치는 것보다 공부를 어떻게 하는 것인지 직접 시범을 보여 주거나 사례를 들어 설명해 주면 쉽게 납득하고 받아들이는 것처럼, 꿈을 갖게 하기 위해서도 무언가 사례를 들어 구체적으로 설명해 주는 것이 좋다.

목표가 있으면 인생에 의미가 생기고 삶에 질서가 생긴다

오 헨리의 단편소설 《마지막 잎새》를 보면, 뉴욕 그리니치 빌리지의 아파트에 사는 무명 화가 존시는 심한 폐렴에 걸려서 사경을 헤매게 되고 삶에 대한 희망을 잃고 만다. 친구인 주(sue)의 격려에도 아랑곳없이 창문 너머로 보이는 담쟁이덩굴 잎이 다 떨어질 때 자기의 생명도 끝난다고 생각한다. 그 이야기를 들은 아래층에 사는 베어먼이라는 친절한 노화가(老畫家)가 심한 비바람에도 견디어낸 진짜처럼 보이는 나뭇잎 하나를 벽에 그려 넣어 존시에게 삶에 대한 희망을 준다. 존시는 이를 계기로 자신의 잘못을 깨닫고, "죽기를 원하는 것은 죄악이야. 언니가 요리하는 것을 보겠어."라고 말하며 삶의 의지를 다시 일으켜 세운다. 이렇듯 사람의 마음속에 희망이 사라질 때 인간은 무기력해지고 나태해진다.

삶의 무기력은 목표 없는 인생에 자연스럽게 따라붙는 부속품과 같다. 목표가 있으면 인생에 의미가 생기고 삶에 질서가 생긴다. 사람들이 말하는 행복이라는 것도 목표의 달성에 있는 것이 아니라, 그 목표를 달성하는 과정에서 느끼는 감정이다. 목표가 정해지면 그것을 이루는 방법과 계획은 자연스레 따라오게 되어 있다. 따라서 학습 코치는 아이가 꿈과 목표를 가슴속에 품을 수 있도록 이끌어 주어야 한다.

나는 꿈을 이룬 사람의 대명사인 존 고다드나, 우주에 흔적을 남기려는 열망을 가졌던 스티브 잡스, 수많은 발명으로 문명의 발전에 공헌한 에디슨, 하늘을 날고 싶은 열망에 비행기를 만든 라이트 형제 등의 예를 들어 가며 아이들 내면에 잠재된 꿈의 가능성을 흔들어 깨우고, 아이들에게 '꿈 목록'이나 '꿈 지도'를 적어 보게 한다.

꿈의 목록을 적다 보면 자신이 무엇을 원하는지 좀 더 분명하게 알게 되고, 그 꿈을 매일 바라보면서 적극적인 노력을 하게 된다. 또 꿈이란 단순히 직업만을 말하는 것이 아니라 내가 하고 싶은 것, 이루고 싶은 것, 경험해 보고 싶은 것들이 다 꿈이 될 수 있음을 알게 된다. 수업을 하는 중에 꿈에 관해서 이야기한다거나, 학습 내용과 꿈의 연관성 등을 말하면 학습에 대한 집중도가 올라가는 것을 확인할 수 있다.

그리고 주변에서 만날 수 있는 예화를 자주 들려주어 학습 동기가 떨어지지 않도록 해 주는 것도 중요하다. 아이들에게 꿈과 관련된 수업을 할 때는 한 번의 수업으로 끝마칠 것이 아니라 여러 번에 걸쳐 질문을 해 주고, 꿈의 내용이 변하지는 않았는지, 궁금한 것이 생기지는 않았는지 확인하며 이야기를 나누는 것이 좋다.

한 사람의 목숨을 살릴 수 있다면?

스티브 잡스는 매킨토시의 부팅 시간이 너무 길다는 생각에, 매킨토시 운영 체제 개발을 담당하고 있던 엔지니어 래리를 찾아간다. 잡스는 그에게 부팅 시간을 좀 줄일 수 없겠느냐고 물었다. 래리가 부팅 시간을 줄이기 어렵다는 이유를 설명하기 시작하자, 잡스는 그의 말을 멈추게 한 후 다음처럼 말하였다.

"만약 그걸로 한 사람의 목숨을 살릴 수 있다면, 부팅 시간을 10초 줄일 방법을 찾아볼 의향이 있는가?"

잡스의 말이 끝나자 래리는 "한 사람의 목숨을 살린다면 한번 해 보겠습니다."라고 대답하였다. 잡스는 래리를 쳐다보며 "만약 맥 사용자가 500만 명인데 이들이 컴퓨터를 부팅하는 데 매일 10초를 덜 사용하게 된다면, 그들이 절약할 수 있는 시간은 연간 3억 분에 달하고, 그것은 100명의 일생에 해당하는 시간"이라고 말했다. 잡스의 이야기에 깊이 공감한 래리는 몇 주 후에 실제로 부팅 시간을 28초나 앞당겨 놓았다.

만약 잡스가 래리를 다그치며 몇 주 안으로 부팅 시간을 무조건 10초 이상 줄이라고 했다면 어땠을까? 래리가 그렇게 할 수 있었을까?

잡스는 큰 그림을 보여 주며 동기를 부여하는 능력이 있었다. 잡스에게는 가능한 한 가장 위대한 일을 하는 것, 그리고 거기서 한 발자국 더 나아가는 것이 목표였기 때문이다.

잡스를 아는 사람들은 그가 대체로 오만하고 무례하다고 평가한다. 독선적이며 불같은 성격 때문에 같이 일했던 사람들은 매우 힘들었다고 한다. 또 늘 완벽을 요구하는 그의 성격은 직원들을 지치게 하기에 충분하였다. 그럼에도 불구하고 사람들은 잡스와 일하기를 원하였고, 그가 직장을 옮길 때마다 따라 나선 사람도 있었다.

애플·넥스트·픽사에서 함께 일했던 앤디 커닝햄은 "스티브 잡스와 일한 5년의 시간은 내 생애 가장 경이로운 경험이었다. 잡스는 내가 생각했던 한계보다 훨씬 멀리 나를 데려갔다."라고 말하며 세상 무엇과도 바꾸지 않을 경험이라고 하였다.

이렇게 아이들에게 공부해야 하는 이유와 공부의 가치를 좀 더 큰 그림을 보여 주며 설명해 주는 것이 중요하다. 그러면 아이들은 이제까지 생각하지 못했던 자기 인생의 큰 그림을 보게 되고, 도전하는 마음을 가지게 될 것이다.

꿈을 갖는 방법과 꿈의 종류, 그리고 각 단계마다 꿈을 꾸는 방법을 아이들은 알아야 한다. 아이들이 꾸는 꿈은 자기 자신만의 꿈이어야 한다. 주입식 공부보다 더 나쁜 것이 꿈을 주입시키는 것이다. 주입된 꿈은 자신의 꿈이 아니므로 최선을 다할 수가 없다. 자기 인생의 주인이 아닌 사람은 자기 삶에 최선을 다할 수 없다. 학습에서도 자신이 주인 노릇을 못하면 공부를 열심히 할 수 없는 것은 당연한 일이다.

학습코칭 포인트

1. 목표가 있으면 삶에 질서가 생긴다. 작은 목표라도 아이들이 자신만의 목표를 세울 수 있도록 안내한다.
2. 아이에게 큰 그림을 그리게 하며 동기를 끌어내 주어야 한다.

04

가르침을
줄이면

나는 학습코칭 강의를 할 때 "아이들에게 직접적인 가르침을 줄이라."고 한다. 그러면 답답해하는 분들이 있다. 가르치지 않으면 어떻게 배울 수 있냐며 반문하는 분들도 있었다. 이는 직접 가르치는 방식만이 유일한 학습법이라는 것이 고정 관념처럼 굳어져 있기 때문이다.

그러다 보니 새로 무언가를 배우고 싶으면 우선 학원부터 등록하는 것을 당연하게 여긴다. 하지만 학원 없이도 배우는 방법은 무궁무진하다. 다음에 나오는 이야기는 가르침 없이 어떻게 배우게 할 수 있는지 하나의 아이디어를 제공한다.

열네 살 까모는 엄마와 단둘이 사는데 영어에 영 흥미가 없다. 최근 영어 시험에서 20점 만점에 3점을 받았다.

"영어가 20점 만점에 3점!"

까모의 성적표를 식탁 위에 내동댕이치며 엄마가 말했다.

"그래도 역사는 18점인데!"

"25점을 받았대도 소용없어. 그런다고 영어 3점이 어디 가니?"

"그러는 엄마는 왜 다니던 직장에서 쫓겨났는지 궁금한데요."

까모 엄마는 아들의 맹랑한 도전에 일단 속 시원하게 웃었다. 그리고 엄마는 새로 직장을 얻어 계속 다닐 테니, 까모에게 석 달 후부터 영어 공부를 시작해서 석 달 만에 영어를 다 배우라고 하였다. 엄마가 추천한 방법은 영국 아이와 펜팔(pen pal) 하기였다. 석 달 후 엄마는 까모에게 '바벨 에이전시'를 통해 입수한 펜팔 후보자의 명단을 건네며, 그중 하나를 골라 펜팔을 하라고 하였다. 프랑스어로 써서 보내면 상대방은 영어로 답장할 것이고, 그러다 보면 저절로 영어 공부가 될 거라고 하였다.

까모는 '캐서린 언쇼'라는 이름을 골라 편지를 보냈다. 영어 공부를 너무나도 하기 싫었던 까모는 처음 보내는 편지를 지독한 독설로 가득 채웠다. 첫 편지에서 자신은 "절대 영어로 말하지 않는 유일한 사람이 되겠다."라며 무례하게 굴었지만, 일주일 만에 도착한 답장을 받고는 마음이 흔들렸다. 손으로 쓴 열정적인 글씨, 갈색 밀랍 도장이 찍힌 고풍스러운 편지 봉투, 무엇보다 까모처럼 아빠를 잃은 슬픔에 빠진 캐서린에게 고통을 주었다는 자책감 때문에 가슴이 아팠다.

캐서린은 까모와 마찬가지로 아버지를 여읜 지 얼마 되지 않아 아직도 아버지를 그리워하고 있었으며, 자기가 사는 곳을 벗어날 수도 없었다. 게다가 그녀는 고아 H를 사랑하고 H의 마음에도 캐서린 밖에 없는데, 오빠 힌들리는 H를 증오하고 학대하였다. 그녀의 힘든 상황에 까모의 마음은 빠져든다. 캐서린에게 도움을 주고 싶은 마음에 까모는 스스로 사전을 끼고 앉아 열심히 편지를 읽고 쓰게 된다.

그런데 캐서린의 편지는 여간 이상하지 않았다. 봉투는 풀이 아니라 밀랍 도장으로 봉인되어 있고, 거칠고 두꺼운 편지지에는 18세기 영국 왕 조지 3세의 스탬프가 찍혀 있는가 하면, 문장은 옛날식 영어였다. 캐서린은 지하철이 무엇인지도 모르고 전화의 존재도 몰랐다.

이상한 생각에 까모의 친구는 캐서린에 대한 추적에 들어간다. 그러던 중 친구는 이상한 점을 발견하게 되었다. 학교에서 까모와 비슷한 증세를 보이는 아이들을 발견하게 된 것이다. 그중 한 아이는 이탈리아 귀족과 펜팔을 하느라 정신이 나가 있었다. 그 외에 러시아, 스웨덴 등 유럽 각국에 사는 옛날 사람들과 펜팔을 하는 아이들도 있었다. 그들 모두가 바벨 에이전시를 통해 펜팔을 하고 있다고 하였다.

까모의 친구는 수수께끼를 풀기 위해 바벨 에이전시의 사서함이 설치된 우체국에 잠복하고 있다가, 드디어 바벨 에이전시에 온 편지들을 수거해 가는 괴상한 할머니를 목격한다. 할머니를 미행하여 바벨 에이전시의 위치를 알아내고, 할머니가 없는 틈에 몰래 들어가 보았다. 그곳은 아주 허름한 사무실로, 온갖 옛날 편지지들, 봉투들, 깃털 펜들, 그리고 온갖 외국어들로 쓰다가 망친 편지들이 마구 쌓여 있는 난장판이었다. 까모가 캐서린에게 보낸 편지도 거기 있었다. 모든 편지가 다 그곳에서 쓰였다.

친구는 캐서린의 실체를 까모에게 알려 주었다. 그 무렵 까모도 캐서린이 가공의 인물이란 것을 이미 눈치채고 있었다. 까모와 친구는 바벨에이전시로 갔고 마침내 까모도 진상을 알게 되었다.

그런데 이 비밀의 열쇠를 풀 때쯤에 까모의 영어 실력은 학교에서 단연 최고가 되어 있었다. 펜팔에 푹 빠져 사전을 찾고 문법책을 뒤적이던 까모는 어느새 '영어의 달인'이 되어 있었다.

다니엘 페낙이 쓴 동화 《까모는 어떻게 영어를 잘하게 되었나》에 나오는 이야기이다. 까모의 엄마가 만들어 준 작은 계기로 인해 까모는 자연스레 영어를 잘할 수 있게 되었다. 페낙은 어릴 적 낙제생이었던 자신의 경험을 토대로 동화를 썼다. 직접적인 가르침 없이도 얼마든지 스스로 학습하게 하는 방법을 그는 알고 있었던 것이다. 우리도 아이에게 어떻게 계기나 상황을 만들어 학습 의욕을 고취시키고 공부 습관을 익히도록 할지 연구하고 실천해 보아야 한다.

아이에게 직접 수학을 가르쳐요

중학교에 갓 입학한 철이는 수학 때문에 고민이 많다. 영어는 그런대로 잘 하는데, 수학은 학교 수업도 그렇고 학원 수업도 따라가기가 힘들다. 마음이 급해진 엄마는 매일 아이를 붙들고 수학을 가르쳤다. 엄마는 학창 시절에 수학을 거의 만점 맞을 정도로 수학을 재미있어 하고 실력도 대단하였다.

반면 아이는 수학이 재미없다 하고 힘들어하는 것을 보니 마음이 답답하였다. 더 늦기 전에 제대로 가르쳐 줘야겠다고 다짐하고 매일 공부를 시키지만, 아이와 불화만 생기고 실력은 나아지지 않아서 고민이었다.

어느 날 엄마는 더 이상 이런 식으로 계속하다가는 아이와 관계만 나빠지고 공부에 흥미를 잃을 것 같아서, 일단 직접 가르치는 것은 포기하였다. 그런 와중에 내가 아이와 상담을 하게 되었다.

아이에게 물었다.

"수학, 많이 힘들어?"

"네, 좀 힘들어요. 초등학교 때는 할 만했는데, 중학교 와서 너무 어려워요."

"엄마랑 수학을 같이 공부했다면서? 할 만했어?"

"아니오. 힘들었어요."

"어떤 점이 힘들었어?"

"일단 숙제를 너무 많이 내 주세요."

"철이도 하려고 했는데, 양이 너무 많아서 힘들었구나. 그 다음에는 뭐가 힘들었어?"

"문제 풀라고 하셔서 풀고 있으면, 왜 빨리 안 푸냐고 뭐라 하세요."

"문제 푸는 데도 뭐하고 하셨어?"

"네, 어떻게 풀까 생각하고 있는데, 막 빨리 풀래요."

철이는 원망과 분한 마음에 눈가가 빨개졌다.

결국 철이는 따로 코칭을 받게 되었고, 원하던 대로 수학 문제를 천천히 생각하며 풀게 하였다.

나는 아이에게 생각할 시간을 충분하게 주었다. 많은 문제를 풀라고 하지 않고, 적은 수의 문제를 정확하게 풀게 하였다. 어려운 문제도 생각을 반복하게 해서 충분히 사고한 후에 풀도록 하였고, 생각할 때 힘들다고 하면 쉬라고 하였다. 몇 번의 성취 경험이 쌓이자 철이는 수학에 재미를 붙이게 되었고, 오래지 않아 수포자(수학 포기자)에서 벗어날 수 있었다.

나는 철이가 웬만큼 문제를 풀 수 있게 되자 문제의 양을 늘렸고 숙제도 조금씩 많이 내 주었다. 그런데 내가 만약 처음부터 문제를 빨리 많이 풀게 하고 숙제도 많이 내 주었다면, 아마 철이는 중간에 포기하고 말았을 것이다.

이처럼 학습 지도를 할 때는 아이의 능력이 어느 정도인지 먼저 파악한 후에, 아이가 할 수 있는 수준 안에서 성공을 경험하게 한 다음, 천천히 난이도와 양을 늘려 가는 것이 좋다. 그런데 이런 내용은 대부분 잘 알고 있지만 막상 현장에서는 그렇게 하지 못하는 경우가 많다. 그것은 가르치는 사람의 의욕이 너무 앞서거나, 서둘러 결과를 도출하고 싶은 욕심에서 비롯된다.

교사와 부모의 의욕이 너무 높아서 아이의 의욕을 앞지를 때 많은 역효과가 발생한다. 아이에게 직접적인 가르침은 최소화하면서, 아이 스스로 학습 능력을 향상하고 공부하는 방법을 익히도록 하는 것이 현명하다. 현명한 교사와 부모는 되도록 직접 가르치는 것을 하지 않는다.

가르침을 줄여야 배움이 일어나고 스스로 공부하는 법을 익힐 수 있기 때문이다.

학습코칭 포인트

1. 어릴 때부터 스스로 공부하는 법을 익히면, 자기가 필요한 것들을 바로 배울 수 있는 능력을 갖게 된다.
2. 아이의 능력을 파악한 후에 성공을 경험하게 하라.
3. 가르침을 줄여야 배움이 일어난다.

05

가상의
시나리오

꿈과 목표를 달성하기 위해서는 많은 시간과 노력을 요구한다. 그리고 일반적으로 꿈을 이루기 위해서는 꿈과 목표를 정하고 그것이 이루어졌다고 열심히 상상하라고 조언한다. "목표를 간절히 생각하면 이루어진다."라고 말하는 것을 한번쯤 들은 적이 있을 것이고, 또 그 말을 굳게 믿는 사람도 많이 있다. 자기계발 강사 중에도 "간절하게 상상하면 꿈이 이루어진다."는 것을 열심히 강조하는 경우를 종종 볼 수 있다.

하지만 그렇게 열심히 이미지를 그리며 심상화한 사람이 그렇게 하지 않은 사람보다도 꿈을 이루어 낼 확률이 더 줄어든다는 연구 결과가 있어 주목할 필요가 있다.

간절하게 상상하면 꿈이 이루어진다?

심리학자 리엔 팜(Lien Pham) 교수는 한 집단의 대학생들에게 "며칠 뒤 치를 중간고사에서 높은 점수를 받는 장면을 매일 몇 분씩 간절하고 생생하게 상상하라."고 하였고, 그런 요청을 하지 않은 대조 집단과 비교하였다.

결과는 어떻게 되었을까? 예상과 달리 높은 점수 받는 것을 간절하게 상상했던 학생들이 그렇지 않은 학생들보다 공부 시간이 적었고, 성적도 떨어진 것으로 나타났다.

펜실베니아 대학의 가브리엘레 외팅겐(Gabriele Oettingen) 교수는 살 빼기 프로그램에 참여한 여성들을 대상으로, 살 빼기에 성공한 날씬한 자신의 모습을 상상하도록 한 그룹과 그렇지 않은 그룹을 비교하였다.

이들을 1년 동안 추적한 결과, 뜻밖에도 열심히 상상하지 않은 그룹이 열심히 상상한 그룹에 비해 체중을 평균 12킬로그램이나 더 감량한 것으로 나타났다. 열심히 상상한 그룹에는 오히려 체중이 불어난 사람도 있었다. 외팅겐은 또 다른 연구로 2년 동안 대학생들을 추적해 보니, 취업에 성공한 자신의 모습을 자주 상상했던 학생들이 그렇지 않은 학생들에 비해 취업률이 더 낮았고 보수도 더 적었다는 사실을 확인하였다.

"간절하게 상상하면 반드시 이루어진다."는 말을 자주 들어 본 분들께는 다소 당혹스런 내용이 될 수도 있을 것 같다. 하지만 왜 이런 결과가 나왔는지 좀 더 생각해 보면 답을 쉽게 찾을 수 있다.

이들이 실수한 것은 목표만을 간절히 상상하고 그것을 이루는 과정에 대해서는 구체적으로 생각하지 않았다는 것이다. 과정이 충실하지 못하니 그 일을 이루어 가는 과정에서 생길 수 있는 돌발 변수에도 대처하기가 어려웠고, 좋은 결과 또한 나올 수 없었던 것이다.

과정 없이 생기는 결과는 없으므로 자신의 목표를 언제, 어디서, 어떻게 이루어 나갈지 구체적으로 생각하는 것이 중요하다. 과정을 구체적으로 그려 볼수록 결과에 대한 이미지도 선명하게 그려지는 것이다.

실행력을 높이는 방법, 가상 시나리오

목표를 달성하기 위해서는 두 가지의 동기가 필요한데, 하나는 결과를 향한 '시작 동기'이고, 다른 하나는 그 목표를 달성해 가는 과정에서 필요한 '유지 동기'이다. 시작 동기가 아무리 강해도 과정에서 필요한 유지 동기가 없다면 목표한 바를 이룰 수 없다. 따라서 일단 목표를 정하면 그것을 달성하기 위한 과정 중심의 사고를 해야 한다. 많은 학생들이 목표만 정하고 그에 상응하는 과정을 실천하지 않는 모습을 볼 수 있다.

이 분야의 세계적인 권위자인 골비처(Peter Gollwitzer) 교수는 성공 가능성을 높이거나 낮추는 요소들을 검토하면서 목표 달성의 가능성을 향상시키는 방법을 발견하였다. 그는 실천을 '의사 결정 전', '행동 전', '행동', '행동 후'의 네 단계로 나누고, 현실적으로 가장 어려운 단계가 '행동 전' 단계에서 '행동' 단계로 옮겨 가는 것임을 확인하였다.

물론 이것은 많은 사람들이 경험상 알고 있는 사실이다. 공부를 하려고 계획은 세웠지만 막상 공부를 시작하기까지 많은 시간이 걸리는 사람이 있는가 하면, 계획을 세우고 바로 공부에 집중하는 학생도 있다. 바로 실행력의 차이 때문이다.

그래서 그는 이 단계를 어떻게 효과적으로 이어갈 수 있는지를 연구하였고, 마침내 '어떤 상황에서 목표와 관련된 어떠한 행동을 할 것'이라는 '가상의 시나리오'를 미리 적어 보는 것이 매우 효과적인 방법이라는 것을 알아냈다.

예를 들어, 학교가 끝난 후 집에 가서 영어 교과서를 읽는 것이 오늘 학생이 원하는 행동이라고 한다면, 계획 단계에서 '집에 가서 손을 씻고 책상 앞에 앉으면 가장 먼저 영어 교과서를 펴고, 3과를 2번 소리 내어 읽는다.'라고 적는 것이다. 실험 결과, 실행 의도가 담긴 가상의 시나리오를 적어 보는 것만으로도 실천 가능성이 훨씬 높아진다는 것을 확인할 수 있었다.

또 대학생들을 대상으로 크리스마스 휴가 기간에 끝내고 싶은 프로젝트 하나를 정하게 하고, 두 그룹으로 나누어 실험을 해 보았다. 한 그룹에는 언제, 어디서, 어떻게 그 행동을 할지 구체적인 과정을 생각하게 하였고, 다른 한 그룹은 그 과정을 거치지 않았다.

일주일 후 달성 결과를 비교해 보니 언제, 어디서, 어떻게 과제를 할 것인지 구체적 과정을 생각한 학생들은 82%가 프로젝트에 성공하였고, 그렇지 않고 목표만 정했던 학생들은 28%만이 프로젝트를 달성하였다. 이 실험을 통해 알 수 있는 것은, 과정을 생생하게 그려 보면 목표 달성 가능성이 훨씬 높아진다는 것이다.

따라서 코치는 학생이 목표를 정했을 때, 그것을 이루기 위해 구체적으로 '실천'하도록 도와야 한다. 목표를 이루는 '과정'에 대해 구체적으로 생각하고 적어 보게 한다면 목표를 달성할 가능성이 높아질 것이다.

학습코칭 포인트

1. 목표를 세우고 나서 과정 중심으로 구체적으로 상상하면 목표 달성이 훨씬 쉬워진다.
2. 가상의 시나리오를 작성하여 실천 과정을 직접 적어 보면 실행력이 높아진다.

06

느낌과
통제권

통제감은 행복감의 중요 요소

심리학자들은 '통제감'이 행복감의 중요한 요소 중 하나임을 지적한다. 통제력 행사의 여부와 상관없이, 통제한다는 느낌을 지니는 것 자체가 인간에게 큰 만족감과 동기를 부여한다고 한다. 자신이 어떤 영향력을 행사한다는 느낌을 가지면 유능하다는 확신으로 이어지고, 이는 구체적인 성과로 발전하게 된다. 반대로 스스로 영향력을 행사하지 못하는 것은 무력감으로 이어진다.

심리학자 대니얼 길버트는 "통제감은 인간의 뇌가 자연스럽게 원하는 기본적인 욕구 중 가장 중요한 것"이라고 말한다. 살아가는 동안 어느 한 시점에서 통제력을 상실하면 인간은 스스로 불행하다고 느끼고, 무력해지며, 희망도 잃어버리게 되고, 결국에는 우울한 상태에 빠진다고 한다. 심지어는 이런 이유로 자살을 선택하기도 한다.

그렇다면 우리 아이들의 현실은 어떠한가? 아이들은 가정과 학교에서 자신의 행동에 대하여 통제권을 행사하고 있는가? 혹은 통제권을 행사하고 있다고 믿고 있는가? 아이들은 공부에 대해서 통제권을 거의 갖지 못하고 있는 것이 현실이고, 통제감을 느끼지 못하는 경우가 대부분이다. 그러니 행복한 공부가 되는 것과는 거리가 먼 것이다.

학습의 주도권을 아이에게

재훈이는 초등학교 5학년이다. 공부를 매우 잘하는 편은 아니지만, 수학과 과학에 흥미가 많고 성적도 잘 나오는 편이어서 재훈이 부모님은 아이가 과학고에 진학했으면 하면 바람을 갖고 있다. 직장에 다니고 있는 재훈이 엄마는 재훈이가 학교 끝날 시간이면 전화를 하여 학원이며 숙제를 일일이 챙긴다.

"제일 힘든 게 뭐니?"

재훈이에게 물으니 재훈이는 바로 "엄마의 잔소리요."라고 대꾸한다.

"엄마가 많이 간섭하셔? 공부 때문에 스트레스 많이 받는구나?"

"네, 완전 많이 받아요. 자꾸 확인을 하니까 짜증이 나요."

"재훈이가 알아서 할 수 있는데 엄마가 안 믿어 주시니까 짜증도 나고 섭섭하기도 한 모양이구나?"

"네, 저도 알아서 잘할 수 있거든요."

"그럼, 이렇게 해 보는 건 어떨까? 엄마의 잔소리를 줄일 수 있는 좋은 방법이 있는데……."

"정말 그런 게 있어요?"

눈을 똥그랗게 뜨고 쳐다보는 눈빛이 어서 빨리 말해 보라고 재촉하는 것 같다.

"엄마는 직장 생활을 하니까 재훈이가 혼자서 잘하고 있는지 걱정이 되는 거야. 학원은 잘 다녀왔는지, 숙제는 잘하고 있는지……. 그래서 자꾸 전화를 하는 거거든. 그러니까 엄마가 걱정하지 않도록 하면 돼."

"그게 가능할까요?"

"응, 물론이지. 우선 내일부터 네가 할 일을 가르쳐 줄게. 대신 그대로 해야 한다."

"네, 그렇게 해 볼게요."

"이건 일주일 정도 지나면 효과가 나타나니까 다음 주에 선생님이 왔을 때는 집 안에 웃음꽃이 피게 될지도 몰라. 자, 잘 들어.

내일부터는 엄마와 너의 역할을 바꾸는 거야. 그러니까 학교를 마치면 바로 엄마한테 연락을 해서 학원에 간다고 말씀드려. 학원에 갔다 와서 한 번 더 연락하고. 숙제를 마치면 이제 숙제 마치고 자유 시간 가질 거라고 말씀드려. 그러면 엄마가 확인 전화 같은 건 안 하실 거야."

"선생님, 그렇게까지 해야 해요? 쉽지는 않겠지만 해 볼게요."

"그리고 한 가지 더. 아마 엄마가 갑자기 변한 네 모습에 놀라실지도 모르니까 엄마가 집에 오시면 '이제 절 믿어 주세요.'라고 말해. 그러면 놀라시면서도 네가 잘해 나가는지 지켜보실 거고, 네가 만약 진짜 잘해 나간다면 엄마는 널 믿어 주고 자유도 더 많이 주실 거야. 알았지? 그 대신 네 말에 스스로 책임지는 모습을 보이는 거 잊지 말고."

'아이가 학원에는 잘 갔을까?'라고 생각하고 있는데 아이에게서 전화가 오고, '숙제는 잘 하고 있을까?'라고 궁금해하고 있는데 아이에게서 전화가 오자 엄마가 매우 놀라셨고, 아이의 행동 변화에 몹시 기뻐하고 흥분하며 도대체 무슨 이야기를 했냐며 궁금해하셨다. 단지 30분 정도 상담하고 돌아갔을 뿐인데 아이가 변했다며 아버지까지 난리셨다. 나는 "지금부터가 더 중요하다."라고 말씀드렸다. "아이를 믿고 부모님은 조심스런 관찰자가 되어 아이를 지켜보고, 아이에게 더 많이 사랑을 표현하고, 함께 운동 같은 것을 자주 하라."고 조언해 주었다.

그리고 재훈이에게는 그다음 단계로 매일 수업한 내용을 복습하도록 코칭하였다. 그렇게 매일 복습을 병행하다 보니 공부에 재미를 붙인 재훈이는 학교 시험에서 좋은 성적을 얻겠다고 의지를 불태웠고, 성적도 기대가 되었다. 시험이 끝나고 재훈이를 만났다.

"어때, 시험은 잘 봤니? 만족스러워?"

"네, 전부 합쳐서 세 개 틀렸어요."

"오, 그래. 정말 잘했네. 꾸준히 공부한 효과가 있구나."

"네, 저도 좋아요. (어두운 표정을 지으며) 근데 시험 보기 전 3일 동안은 엄마가 하루에 한 시간씩 봐 주셨어요."

"그래? 혼자 힘으로 다하려고 했는데 막판에 엄마가 도와주셔서 자존심이 상했구나. 하지만 그 정도라면 네가 혼자서 한 거나 마찬가지야. 이번에 시험 준비하면서 정말 배운 게 많겠구나. 앞으로도 이걸 잘 지켜 나가야 해. 자! 하이파이브!"

아이들은 이렇게 혼자 힘으로 해내고 싶어 한다. 아이의 내면에 자기주도적인 삶을 살려는 의지가 강력하니 부모는 그것을 의심할 필요가 없다. '그 힘이 잘 발현될 수 있도록 내가 어떻게 도와줄 수 있을까?' 하는 것만 고민하면 된다.

"엄마, 내가 할래요."

어렸을 때 아이들이 엄마에게 많이 하는 말이다. 이처럼 아이들은 주도적이 되고 싶어 한다. 그러던 아이가 커 가면서 점점 무기력해져 간다.

"넌 지금 문법이 약하니까 이 학원 다니는 게 좋겠어."

"네, 알았어요."

"성적이 많이 떨어졌어. 그 학원은 이제 안 돼."

"네, 알았어요······."

공부에서 통제권과 주도권을 행사하지 못하는 아이들은 학습에서 무력감을 느낄 수밖에 없다. 또 자기가 주도적으로 하지 않았기 때문에 책임감도 느끼지 못한다. 자연히 나를 위한 공부가 아니라 부모를 위한 공부가 되고 마는 것이다. 자신은 엄마가 하라는 대로 했을 뿐이니 잘못되어도 엄마 책임이라는 식이다.

따라서 아이의 변화된 모습을 기대한다면 가장 시급하고 중요한 것은, 아이에게 적절한 통제권을 주어 공부에 대해 스스로 통제하고 주도적이라는 느낌을 갖게 하는 것이다.

학습코칭 포인트

1. 통제감은 인간의 뇌가 원하는 기본적인 욕구 중 가장 중요한 것이다.
2. 공부에서 주도적이거나 통제한다는 느낌이 없는 아이는 학습에 능동적이지 못하다.
3. 단계별로 적절한 통제권을 갖도록 배려해야 한다.

07

내부의 힘

이번 중간고사를 잘 보면 진수가 원하는 스마트폰을 사 주겠다고 엄마가 먼저 제안하셨다. 진수는 속으로 기뻤다.

'아~, 내가 갖고 싶던 스마트폰 얻을 수 있다니…….'

하지만 진수는 마음 한 구석에 어두운 그림자가 드리워짐을 느꼈다. 엄마가 제안하신 성적을 얻기가 쉽지 않을 것 같았기 때문이다. 시험이 다가올수록 부담감은 커졌다. 고민하던 진수가 나에게 부탁을 해 왔다.

"저 선생님, 엄마한테 말씀 좀 해 주세요. 그런 조건 안 거셔도 된다고……. 엄마가 스마트폰을 사 준다고 하셔서 좋긴 한데 아무래도 제 실력으로는 힘들 것 같아요. 너무 갖고 싶긴 하지만…… 부담이 많이 돼요. 걱정 때문에 집중도 안 되고요. 핸드폰이 아니라도 저도 시험 잘 보고 싫거든요……."

어렵게 말하는 진수의 얼굴에 근심이 가득하다. 아이들은 모두 시험에서 좋은 성적을 받고 싶어 한다. 공부를 못하고 싶은 아이가 어디 있을까? 그리고 공부 잘하는 학생들이 부러운 것도 사실이다. 다만, 생각만큼 공부와 시험에 자신이 없기 때문에 의욕이 잘 생기지 않는 것이다.

외재적 동기와 내재적 동기

2010년 남아공 월드컵 경기 전 인터뷰에서 허정무 감독은 "선수들의 마음속에 한국의 흔적을 남기려는 열망이 강하다."고 말하였다. 게임에서 '한국의 흔적을 남기려는 그 열망'을 내재적 동기라고 할 수 있고, 성취 정도에 따른 성과금 지급은 외재적 동기라고 볼 수 있다. 둘 다 적극적인 행동을 끌어내는 동기이긴 하지만, 장기적으로는 내재적 동기가 일어나야 지치지 않고 어려움을 만나도 이겨내며 좋은 결과를 만들어 낼 수 있다.

시험 성적에 대한 외적 보상을 반복해서 제시하다가 멈추면 아이들은 더 이상 노력하려고 하지 않게 된다. 예를 들어, 칭찬 스티커를 매번 사용하다가 칭찬 스티커를 사용하지 않으면 아이들은 더 이상 부모가 원하는 행동을 하지 않을 가능성이 많아지는 것이다. 자칫 아이들을 통제된 아이, 관리 받는 아이로 만들 위험도 있다. 따라서 학년이 올라가면 이러한 방법은 자제하는 것이 좋다. 이러한 보상 방법이 더 안 좋은 것은 아이에게서 공부하는 재미를 빼앗아 가기 때문이다. 공부하는 과정에서 얻게 되는 앎의 기쁨, 문제를 해결하는 과정에서 받는 쾌감을 느낄 수가 없게 된다.

공부를 통해서 자연스럽게 내면의 즐거움이라는 보상을 얻게 되면 아이는 또다시 공부하게 된다. 그리고 그 보상은 외부에서 주어지는 것이 아니라 자기 내부에서 자신의 노력으로 받는 것이므로, 보람도 크고 자존감도 올라가게 된다.

부모들은 조급한 마음에 아이들을 외적 보상 시스템으로 길들이려고 한다. 그렇게 되면 아이는 혹시 보상을 받지 못할까 하는 걱정에 공부에 집중하지 못하는 경우도 생기고, 보상이 없으면 공부하지 않으려는 모습도 보이게 된다. 부모들은 이러한 자녀의 마음을 잘 헤아려 작은 성취나마 스스로의 힘으로 얻게 도와주어야 한다.

물론 그렇다고 이런 식의 외적 동기 부여가 전혀 필요 없다는 것은 아니다. 초등학교 저학년 때까지는 이러한 방법이 도움이 되는 것도 사실이다. 하지만 스스로 공부하여 몰랐던 것을 알아가고 나름대로 깨달음을 얻게 되면, 성취감을 느끼고 공부에도 재미를 붙이게 된다. 그러면 동기 유발은 반 이상 성취된 것이나 다름없다. 그러니 자녀의 성적을 올리기 위해 무리하게 조건을 걸어 아이와 거래하는 것은 자제하라고 당부하고 싶다.

과도한 학습량은 학습 동기를 떨어뜨린다

영·수 학원에 다니는 중3 현식이는 새 학기를 맞아 분주하다. 목표로 하는 학교가 명문 고등학교라서 조금도 방심할 수 없기 때문에 현식이의 마음은 여유가 없다. 현식이는 학교와 학원에서 내 주는 숙제를 하다 보면 언제나 시간이 부족하다고 힘들어한다. 그래서 집에서는 숙제만 하면서 시간을 보내기 십상이다. 그런 현식이를 바라보는 엄마의 마음은 답답하기만 하다. 아이가 계획성도 없는 것 같고, 공부하는 데 집중하지 못하고 있는 것 같기 때문이다.

나는 현식이에게 숙제하기가 어떤가를 물었다.

"숙제하고 나면 하루가 다 가요. 밤 12시 넘어서 잘 때도 많고요. 그래서 그런지 학교에서는 졸릴 때가 많아요."

현식이는 과도한 숙제 때문에 힘들어하고 있었다. 숙제를 내 주는 이유는 복습을 하고 더 깊이 있는 공부를 하도록 유도하기 위해서이다. 당연히 숙제를 충실히 하면 반복 효과가 있어서 공부의 집중도를 높여 갈 수 있다. 하지만 분량이 너무 많으면 아이는 그것을 공부로 받아들이지 못하고 노동으로 받아들인다. 그렇게 되면 공부 효과는 급격히 떨어지게 된다.

흔히 볼 수 있는 광경을 한번 상상해 보자. 초등학생 K가 집에 와서 열심히 숙제를 한다. 그리고 숙제를 다 한 다음에 엄마에게 "엄마, 숙제 다 했어요."라고 말한다. 아이가 이렇게 말하는 이유는 무엇일까? 그 말에는 숙제 다 했으니 칭찬해 달라는 뜻과, 이제 좀 놀아도 되느냐는 의도가 포함되어 있다.

그런데 엄마는 시계를 보고 잠자리에 들기까지 아직도 시간이 많이 남아 있다는 사실 때문에 불안하다. "책 다시 가져와 봐. 너, 여기까지만 문제 풀고 놀아도 돼." 아이는 다시 공부를 하기 위해 방으로 들어간다. 그리고 열심히 공부한다.

잠시 후 아이는 "엄마, 숙제 다 했어요. 이제 놀아도 되죠?" 하며 달려온다. 그러나 예상했던 시간보다 일찍 나온 아이에게 엄마는 다시 한 번 요구를 한다. "진짜 마지막인데, 여기까지만 풀고 놀아. 엄마가 진짜 많이 양보했다."

이제 힘없이 자기 방으로 들어간 아이는 과연 방에 들어가서 또 공부를 열심히 할까? 그다음은 안 봐도 훤하다. 이제 아이는 '일찍 끝내고 나가 봐야 엄마가 또 공부를 시킬 거야.'라는 생각에 더 이상 최선을 다하지 않게 된다. 이렇게 아이들은 서서히 시켜야 공부하는 습관을 훈련하게 된다.

앞에서 교육은 '집어넣어 주는 것'이 아니라 '끌어내 주는 것'이라고 하였다. 학습량이 많으면 공부를 잘할 것이라는 관점은 교육을 집어넣어 주는 것이라고 생각하는 데서 기인한다. 그러니 최대한 수업을 많이 받게 하고 숙제를 많이 내 주어야 공부를 잘할 수 있다고 생각하는 것이다. 하지만 과도한 학습량은 오히려 학습 동기를 떨어뜨리고 자발성을 저하시킨다.

그리고 무조건 숙제를 많이 내 주시는 선생님이 좋은 선생님이라는 편견도 버렸으면 좋겠다. 실제로 코칭을 받는 학생들 중에 학원을 그만 두고 적은 양의 학습을 하였음에도 오히려 성적은 오르는 경우를 많이 보았다.

이제는 '어떻게 하면 끌어내 줄 수 있을까?'라는 관점으로 바라보자.

학습코칭 포인트

1. 공부를 통해서 얻는 즐거움이 보상으로 주어졌을 때 아이는 계속 공부를 하게 된다. 하지만 외적 보상 시스템으로 아이를 길들이려 해서는 안 된다.
2. 과도한 학습량은 학습 동기를 떨어뜨리고 자발성을 저하시킨다.

08

정신의
성숙

"생활에서 중요한 것은 균형인 것 같아요. 봉사활동이나 운동을 통해 심신을 정화해야 학업에도 더 집중할 수 있어요."

2013년도 서울대 만점 졸업자(전 과목 'A+(평점 4.3)', 학적부 전산화 이후 첫 만점 졸업자) K씨가 언론과의 인터뷰에서 한 말이다.

봉사와 학습은 어떤 관계가 있을까? 공부를 잘하기 위해서는 공부만 하고 다른 것은 전혀 하지 않아야 한다고 생각하는 사람들도 있다. 그런데 내가 만나 본 학생들 중에는 하고 싶은 것들을 짬짬이 해 나가면서 공부도 잘하는 학생들이 많았다. 특히 봉사활동 같은 것을 열심히 하는 학생들을 만날 수 있었는데, 그 학생들은 공통으로 봉사활동을 하면서 공부에 더 집중할 수 있었다고 말한다. 봉사활동을 하면서 자기가 세상에 태어나 받은 것들을 갚고, 자신이 살아가야 할 목적과 공부의 이유를 분명하게 알 수 있어서 공부에 더 집중할 수 있었다는 것이다.

고등학교 1학년 때 아버지가 사업에 실패해서 대학 진학을 포기해야 하나 고민하던 학생이 있었다. 그렇게 고민하던 아이에게 어머니는 초등학생들에게 공부를 가르치는 봉사를 해 보라고 권하였다. 학생의 어머니는 "우리보다 더 어려운 사람들이 많다."며 자녀의 등을 떠밀었다.

처음에는 '내 공부할 시간도 없는데 이걸 해야 하나?' 하는 생각을 하였지만, 시간이 거듭될수록 보람을 느꼈다고 한다. 그리고 자신이 지금은 형편이 안 되지만 나중에 사회에 나가서 어려운 사람들을 더 많이 도울 수 있으면 좋겠다는 생각도 하게 되었다고 하였다. 자연스레 보잘것없게 느껴졌던 자신도 소중하다는 생각이 들었고, 공부에도 더 집중할 수 있게 되었다. 그렇게 공부에 몰입하게 되자 성적도 올라갔다.

결국 공부는 투자한 시간에 비례하는 것이 아니라, 마음을 얼마나 집중하였느냐에 따라서 효율이 달라진다. 그러므로 무조건 공부만 할 것이 아니라 자신을 돌아볼 기회를 가지며, 주변 정리를 하고 마음가짐을 새롭게 하는 시간이 필요하다.

봉사는 다른 사람을 위한 시간이기도 하지만 결국 스스로를 위한 시간이기도 하다. 봉사를 통해서 자신이 더 위로 받고 감사하는 마음이 생기게 된다. 꿈과 목표 설정이 학습 동기의 전부는 아니다. 자아 성찰이 잘 이루어진다면 거기서도 더 큰 동기가 발현될 수 있다.

정신적 성숙은 최선의 노력을 유도한다

주변에 보면 초등학교 때나 중학교 때는 공부를 못했는데 갑자기 공부를 열심히 해서 큰 성과를 거둔 경우가 있다. 이렇게 된 이유를 살펴보면, 내적인 큰 변화를 겪으면서 정신적으로 좀 더 성숙한 것이 계기가 되어 공부에 몰입하게 되었음을 알 수 있다.

평소에는 일을 미루다가 급해진 다음에야 서두르는 사람들이 있다. 간신히 일을 처리한 그들은 한동안 일을 미루다가, 다시 급해질 때 쫓기면서 일에 뛰어드는 것을 반복한다. 그런데 그들과 달리 평소에도 꾸준하게 최선을 다해 생활하는 사람들이 있다. 이 사람들은 목표가 분명한 경우이거나, 내적 성찰을 통해 하루하루 최선을 다해 살아갈 이유를 찾은 사람들이다. 정신적으로 성숙한 사람은 최선을 다해 살아가려고 한다. 후회 없는 삶을 사는 것이 매우 중요하다는 것을 알고 있는 것이다.

'후회'라는 감정을 느껴 본 사람은 다시는 그러한 감정을 느끼고 싶지 않아 한다. 그 경험이 강도가 크고 쓰라릴수록 현재에 최선을 다하려 한다. 시련을 겪으며 그것을 극복하고 큰 성과를 이루어 낸 사람들도 그런 과정을 통해 자기 능력의 최대치를 끌어낼 수 있었다.

아이들에게도 고난이나 역경을 통해 내적으로 성숙할 수 있는 기회가 필요하다. 그러나 요즘은 매사를 챙겨 주고 자녀가 할 일을 다 해 주는 부모가 많아지고 있다. 대학 수강신청은 물론이고 성적 관리에도 부모가 나서는 경우가 있고, 심지어 직장 내 문제까지 직접 개입하는 부모도 있다고 한다. 그렇게 되면 자녀는 미성숙한 모습으로 계속 머물고,

사사건건 부모에게 의존하는 모습을 보이게 될 것이다. 몸은 성장하지만 정신은 여전히 어린 시절에 머무는 어른 아이가 탄생하는 것이다.

그렇기 때문에 아이가 평소에 여러 가지 고통과 시련을 지혜롭게 극복함으로써 스스로 정신적 성숙을 이룰 수 있도록 도와야 한다.

가장 손쉽게 할 수 있는 방법이 운동을 하는 것이다. 경기를 하는 과정에서 자연스럽게 육체적 고통을 느끼게 되고, 이를 극복하면서 정신력이 강화된다. 장거리 달리기는 극한의 고통을 주지만 이를 견뎌내면 육체와 정신이 강화된다. 축구나 농구도 경기 시간이 길고 체력 소모가 많아 마찬가지로 고통스럽지만, 재미도 있기 때문에 이를 자연스럽게 극복할 수 있다.

풀리지 않는 문제를 풀기 위해 노력하는 과정도 고통스러운 과정이다. 풀리지 않는 문제를 풀기 위해 긴 시간을 문제에 도전한다면 고통의 강도가 매우 강해진다. 포기하고 싶은 마음이 굴뚝처럼 솟아오른다. 자신의 한계를 넘어서야 문제를 해결할 수 있기 때문에, 육체적 고통 못지않게 정신적 고통은 심해진다. 이러한 도전이 반복되면 또다시 어려운 문제에 도전하게 되고 점차 속이 깊은 인물로 변모해 간다.

이러한 직접적인 방법 말고 간접적인 방법으로도 정신적 성숙을 기할 수 있다. 대표적인 것이 역사를 공부하는 것이다. 우리의 역사를 공부하면 우리 조상들의 생활 모습을 보게 될 것이고, 때로는 조상들의 수난과 치욕의 역사도 마주하게 될 것이다. 역사를 공부하면서 아이들은 현재의 삶이 그냥 주어진 것이 아니라는 것도 이해하게 될 것이고, 삶을 대하는 태도도 조금은 달라질 것이다.

유대인들의 교육 방법 중 눈에 띄는 것이 있다. 그것은 바로 어린 학생들에게 선조가 겪은 고난의 역사를 그대로 가르친다는 것이다. 그들은 학생 시절에 아우슈비츠 수용소를 의무적으로 방문해야 한다. 그곳에서 아이들은 독가스실과 수감실을 보고 고통스럽게 죽어 간 선조들의 모습을 경험하게 된다. 학생들은 너무나 큰 충격을 받고 울음을 터뜨리기도 한다고 한다. 이 교육을 통해 학생들은 '다시는 이러한 일이 일어나지 않도록 하려면 어떻게 해야 할 것인가?'를 고민하게 된다.

삶의 태도가 진지해진 아이가 게임이나 오락으로 자신의 시간을 전부 채우지는 않을 것이다. 좋은 직장에 취직하거나 돈 벌어서 잘 살기 위해 공부해야 한다고 하면 아이를 설득하는 데 한계가 있다. 아이의 마음속에 최선의 삶을 살아야 하는 이유를 찾도록 도와주는 것이 진정 현명한 교육이라 할 수 있다.

학습코칭 포인트

1. 공부는 시간을 많이 투자한다고 그에 비례해서 성적이 나오는 것이 아니라, 마음이 얼마나 집중되었느냐에 따라서 효율성이 달라진다.
2. 정신적 성숙은 최선의 노력을 유도한다. 삶의 태도가 진지해진 아이는 시간을 낭비하지 않으려고 노력하게 된다.

09

공통의
비결

규율과 자기 절제력

경영학의 창시자인 피터 드러커(Drucker)의 뒤를 잇는 경영 구루(guru)로 첫손 꼽히는 짐 콜린스는 위대한 성공 기업의 핵심 가운데 가장 중요한 것은 '광적인 규율(fanatic discipline)'이라고 하였다. 스티브 잡스가 애플을 부활시키기 위해 가장 먼저 했던 것은 아이팟이나 아이폰과 같은 상품 개발이 아닌, 규율 강화였다는 사실에 주목할 필요가 있다. 광적인 규율은 기발한 혁신이나 단순한 창의성보다 훨씬 중요하다고 강조한 그의 말은 개인에게도 똑같이 적용된다.

규율은 본질적으로 일관성 있는 행동을 뜻한다. 일관성 있는 작은 행동이 위대함을 결정한다는 그의 주장에 귀 기울 필요가 있다. 자기 규율, 자기 조절 능력은 개인의 높은 성취를 이루는 중요한 변수이다.

우리에게 잘 알려진 '마시멜로 실험'을 보자. 스탠퍼드대에서 1981년 보고된 내용에 의하면, 실험에서 선생님은 4살 된 아이들에게 마시멜로 사탕이 한 개 들어 있는 접시와 두 개 들어 있는 접시를 보여 주고, 지금 먹으면 한 개를 먹을 수 있지만 선생님이 돌아올 때까지 먹지 않고 있으면 두 개를 주겠다고 한다. 그리고는 마시멜로가 하나 들어 있는 그릇을 아이 앞에 남겨 놓고 방에서 나간다. 아이들은 선생님이 나가자마자 먹어 버리거나, 참다 참다 중간에 먹어 버리거나, 끝까지 참고 기다리는 3가지 반응을 보였다.

마시멜로를 먹지 않고 오래 참은 아이들이 참지 못한 아이들보다 가정이나 학교에서의 삶 전반에서 훨씬 우수했고, 대학입학시험(SAT)에서도 또래들에 비해 뛰어난 성취도를 보였다. 인내하지 못한 꼬마들이 비만, 약물 중독, 사회 부적응 등의 문제를 가진 어른으로 살고 있는데 반해, 인내력을 발휘한 꼬마들은 성공한 중년의 삶을 살고 있음을 보고하였다.

마시멜로 실험은 그 이후에도 두 차례 더 진행되었는데 두 번째 실험에서 가장 눈에 띄게 다른 점은, 아이 앞에 남겨 놓은 마시멜로 그릇에 뚜껑을 덮었다는 것이다. 단지 마시멜로를 덮어 놓는 것만으로도, 즉 마시멜로를 직접 보지 않는 것만으로도 아이들이 기다리는 시간은 거의 두 배나 길어졌다. 마시멜로가 보이지 않는 환경에서는 더 잘 참아 낸 것이다.

한 가지 특이한 사실은 기다리는 동안 재미난 생각을 하도록 지시 받은 아이들은 마시멜로가 눈에 보이든 보이지 않든 큰 차이 없이 평균 13분 정도를 기다렸다. 반면, 생각에 관해 아무런 조언도 듣지 않은 아이들은 첫 번째와 같은 실험 결과를 보였다. 즉, 기다리는 방법에 대해 코칭을 받은 아이들은 그렇지 않은 아이들에 비해 자기 절제를 더 잘 해냈다.

이 실험에서 배울 수 있는 것은 유혹이 보이지 않는 환경을 만들고 공부(일)에 집중하면 유혹에서 쉽게 벗어날 수 있다는 것이다. 또 다른 한 가지는 방법에 대해 코칭을 받으면 자기 조절을 더 수월하게 할 수 있다는 것이다.

학생 시절에 자기 절제력이 높은 학생일수록 나중에 사회에 나가 성공하고 안정된 생활을 한다는 사실은 여러 연구를 통해 확인되고 있다. 친구와의 놀이나 게임에 대한 유혹이 있을 때, 이에 어떻게 대비할지 미리 생각해 놓으면 보다 쉽게 유혹에서 벗어날 수 있다.

> 유혹: 해야 할 일이 있는데 친구가 만나자고 하면?
> 대비: "오늘은 일이 있어서 다음에 만나." 혹은 "일이 끝난 다음에 연락할게."라고 말한다.
> 유혹: 숙제 먼저 해야 하는데 게임을 하고 싶은 마음이 생기면?
> 대비: 그럼 무시하고 흘려 보내면 되지 뭐!

이렇게 해결책까지 생각해 놓으면 걸림돌이 생기더라도 잘 이겨 낼 수 있다.

그릿(Grit), 마음의 근력을 키워 주어라

펜실베이니아대 심리학과 안젤라 리 덕워스(Angela Lee Duckworth) 교수는 세계적인 지식 강연인 '테드(TED)'에 연사로 참여하였다. 그녀는 "성공할 거라고 예측되었던 사람들에게 한 가지 공통된 특성이 있었는데, 그것은 좋은 지능도 아니었고, 좋은 외모나 육체적인 조건은 더구나 아니었다."라고 말하면서 자신의 경험담을 털어놓았다.

그녀는 경영 컨설턴트로 일하다 27세에 뉴욕시의 공립 학교로 옮겨 수학을 가르치게 되었다. 학생들을 지도하다 보니 성적이 좋은 학생과 나쁜 학생의 차이점은 단지 지능지수(IQ)가 아니었다. 우수한 학생 중 일부는 IQ가 그리 높지 않았고, IQ가 높은 학생 모두가 성적이 좋은 것도 아니었다.

'인생에서 성공하기 위해 재능이나 지능보다 훨씬 더 중요한 다른 무언가가 있다면 그것은 무엇일까?' 이러한 의문을 품은 그녀는 교직을 그만두고 대학원에 진학해 본격적으로 심리학을 공부하였다. 어려운 상황에 처한 학생들과 성인들을 연구하며 끊임없이 질문하였다.

'성공한 사람들의 공통된 비결은 과연 무엇일까?'

그녀는 미국 육군사관학교에 가서 어떤 사관생도가 군사 훈련을 끝까지 받거나 중도에 그만두는지, 전국 맞춤법 대회에 가서 어떤 학생이 끝까지 경쟁에서 살아남는지를 지켜보았다. 또 아이들을 지도하기 어려운 문제 학교에 배정된 초임 교사 중 누가 끝까지 포기하지 않고 남아서 효율적인 방법으로 아이들의 학습 성과를 끌어내는지를 연구하였다. 어떤 세일즈맨이 끝까지 살아남고 판매 성과가 가장 좋은지 알아보기 위해 몇몇 회사와 제휴를 맺기도 하였다. 미국 방방곡곡을 다닌 뒤, 성공할 거라고 예상되는 사람의 특징에 대한 그녀의 결론은 다음과 같았다.

"그것은 바로 기개(Grit; 그릿)이다!"

그릿은 사전적으로는 기개, 투지, 용기 등으로 번역된다. 때로는 어려움이 있더라도 자신이 세운 목표를 향해 오랫동안 꾸준히 노력할 수 있는 능력을 뜻한다. 덕워스 교수는 "기개란 목표를 향해 오래 나아갈 수 있는 열정과 끈기"라고 말하며 "해가 뜨나 해가 지나 꿈과 미래를 물고 늘어지고, 일주일, 한 달이 아니라 몇 년에 걸쳐 꿈을 실현하기 위해 열심히 노력하라."라고 강조하였다.

그렇다면 아이들을 자기주도형 인재로 성장시키기기 위해 어떻게 기개를 심어 줄 수 있을까?

그것을 위한 방법의 하나로 그녀는 캐롤 드웩 교수의 성장 마인드 셋(Growth mind set)을 소개하였다. 성장 마인드 셋(growth mind set)을 가진 사람은 넘어져도 아무렇지 않게 다시 일어나 걷는 어린아이와 같다. 이들에게 실수나 역경은 성장의 발판이 된다. 그리고 어제의 나보다 오늘의 내가 얼마나 더 발전했는지를 비교하는 것이, 지금 현재 누가 더 잘하는지 타인과 비교하는 것보다 더 의미가 있다.

반면, 고착 마인드 셋(fixed mind set)에 얽매인 사람은, 능력이란 학습을 통해 끊임없이 계발될 수 있는 변화 가능한 것이 아니라, 유전과 환경에 의해 결정되는 것이라고 본다. 이들은 실패나 실수를 자신의 능력이라 보고 수치스러워한다. 이와 같은 태도의 차이가 모든 것을 가른다.

따라서 뇌가 어떻게 도전에 반응하면서 변화하고 성장하는지에 대해 읽거나 배웠을 때, 아이들은 실패해도 더 끈기를 가지고 앞으로 나아갈 수 있게 된다. 학습 능력은 타고나거나 고정된 것이 아니라 노력에 의해 얼마든지 바뀔 수 있다는 것을 아이들이 이해하고, 마음속에 확고하게 자리 잡도록 하는 것이 중요하다.

학습코칭 포인트

1. 아이들을 기쁘고 행복하게 해 주는 데만 집중하지 말고, 인생을 장기적으로 봤을 때 큰 도움이 되는 자기 조절 능력 향상을 양육의 주요 목표로 삼아야 한다.
2. 학습 능력은 타고나거나 고정된 것이 아니라 노력에 의해 얼마든지 바뀔 수 있다는 것을 아이들이 이해하고, 마음속에 확고하게 자리 잡도록 하는 것이 중요하다.

제4장

학습과
문해력

01

독서로 공부법을
터득하다

지방의 한 교육지원청에서 초·중학생을 대상으로 〈책쓰기 프로그램〉을 진행한 적이 있다. 그 수업에서 나는 주제를 정하지 않고 각자 자신이 쓰고 싶은 이야기를 에세이 형식으로 쓰도록 하였다. 모두 열심히 자신만의 이야기를 써 내려가기 시작하였다.

그런데 그중 한 중학생이 한숨을 쉬며 심각한 표정으로 아무것도 하지 않은 채 앉아 있었다. 그 학생에게 다가가 무슨 문제가 있는지 물었더니, "선생님, 전 쓸 게 없어요." 하는 것이다. 그래서 그 학생과 이런 저런 이야기를 나누게 되었다.

"너 중학교 들어와서 공부가 어땠어? 성적은 괜찮아?"

그랬더니 웃으면서 "첫 시험에서 국어 40점 맞았습니다."라고 한다.

국어가 40점이라면 다른 과목은 물어보나 마나일 것 같았다.

다시 "왜 그렇게 성적이 안 좋았지? 공부를 안 했니?"라고 물었더니, "네, 제가 초등학교 때 책을 많이 안 읽어서 어휘력과 배경지식이 부족하여 공부를 못하게 되었습니다."라며 자못 진지한 표정을 지었다. 마치 모범 답안을 이미 알고 있다는 듯 여유 있는 답변이었다.

"그래? 그럼 지금은 어때?"

"지금은 잘해요. 잘하고 있어요."

지금도 힘들다는 대답이 나올 줄 알았는데, 의외의 대답에 호기심이 생겼다.

"그래? 너만의 무슨 비법이라도 있니?"

"아뇨, 무슨 특별한 비법은 아니고요. 제가 전에는 책을 읽은 기억이 없을 정도였는데, 어찌어찌하다 보니까 책을 좋아하게 되었어요."

"그래? 무슨 일이 있었니?"

"1학기 기말고사가 끝나고 국어 선생님께서 책을 빌려 오라고 하셨어요. 시험도 끝났으니 이제 방학할 때까지 수업 시간에 책을 읽을 계획이라며 다들 도서관에서 책을 빌려 오라는 거예요. 그래서 친구들이랑 도서관에 가서 아무 책이나 빌렸어요. 사실 제목도 안 보고 빌렸죠. 저는 책 읽는 거 별로 안 좋아했거든요. 그래서 초등학교 때도 책을 별로 안 봤어요. 그런데 아이들과 함께 책을 보니까 집중이 잘 되는 거 같았어요. 《그림자 아이들》이라는 책이었는데 내용도 재미있고 인상적이어서 수업이 끝나고도 계속 읽었어요. 쉬는 시간까지 읽다 보니 어느덧 책을 다 읽게 되었어요."

"와우, 대단한데. 그것 때문에 책을 계속 읽게 된 건가?"

"책을 다 읽었는데 그 책이 시리즈인 걸 알게 되었어요. 총 일곱 권짜리더라고요."

"그것도 모르고 빌렸던 모양이네, 하하."

"네, 그렇죠. 그런데 1권을 다 보고 나니까 2권 내용이 궁금한 거예요. 그래서 나머지도 다 빌려 보았죠. 그렇게 방학이 시작할 때까지 모두 다 읽었어요."

"그럼, 방학 때는 어떻게 했어? 책을 더 많이 읽은 거야?"

"그게 그렇진 않구요. 방학이라서 책을 좀 더 읽어 보려고 했는데 집에 책이 하나도 없는 거예요. '아, 우리 집에는 책이 정말 없구나!' 했죠. 그래서 할 수 없이 1학기 국어 교과서를 읽기 시작했어요."

"오우, 좋은 선택을 했네. 하지만 교과서 읽기가 쉽지는 않았을 텐데……."

"네, 정말 그랬어요. 분명히 1학기 때 배운 내용인데 다 처음 보는 것 같았어요. 내용도 어려워서 동화책 보는 거랑은 많이 달랐어요. 읽는 속도도 더뎠고요. 15분 정도 읽으면 집중력에 한계가 왔어요. 머리가 아파서 더 읽을 수가 없었어요."

"그럴 때는 어떻게 했어? 머리가 아파서 읽기 힘들 때 말이야."

"음, 그럴 때는 멈춰요. 일단 쉬어야죠. 그런데 머리가 아프긴 했지만 책이 재미도 있었어요. 그래서 쉬었다가 편안해지면 또 읽고 그랬어요. 그러다 보니 한번에 읽는 시간이 점점 길어졌어요. 20분 정도 읽으면 머리가 아파지는 거죠. 그러면 또 쉬어요. 그런 식으로 계속 읽다 보니 어느덧 교과서를 다 읽게 되었어요.”

“국어 교과서를 다 읽고는?”

“딱히 읽을 만한 책이 없었기 때문에 그냥 국어책을 한 번 더 읽었어요. 그런데 한 번 더 읽는 데도 재미가 있더라고요. ‘아, 책은 이렇게 두 번 읽어도 재미가 있는 거구나.’라는 것을 알게 되었죠. 그렇게 읽다 보니 한 번 더 읽게 되고, 또 읽게 되고 결국 여덟 번을 읽게 되었어요.”

“그렇게 여러 번 읽으면 기억도 잘 났겠네.”

“네, 기억도 잘 나고 이해도 잘 됐어요. 사실 제가 국어는 포기했었거든요. 2학기부터는 방학 때 했던 방법으로 교과서를 계속 반복해서 읽었어요. 그러니까 점수가 점점 오르더니, 기말고사 때는 90점이 넘었어요. 그래서 공부에 대한 자신감도 많이 갖게 되었고 다른 과목도 그렇게 여러 번 읽게 되었어요. 1학기 때 책을 빌려 보았던 게 정말 중요한 계기가 되었어요.”

“음, 그럼 요즘에도 책을 많이 읽겠구나?”

“네, 방학 때면 친척 형이랑 도서관에 가서 책 읽는 시간이 많아요. 빌려다 집에서 보기도 하고요.”

학생의 표정은 자신감과 감사함으로 가득 차 있었다.

“너 아까 쓸 게 없다고 했는데, 네가 책에 빠져든 이야기 한번 써 보면 어떨까? 다른 친구들한테도 도움이 될 것 같은데.”

얼마 후 가져온 글은 이렇게 끝맺고 있었다.

“내 인생의 모든 것을 변화시킨 ‘독서’ …… 언젠가 나에게 다른 변화를 가져다 줄 것으로 믿으며 나는 오늘도 책을 읽는다."

　만약 이 학생이 도서관에서 책을 빌려 읽는 기회를 얻지 못했다면 어떻게 되었을까? 아마 지금도 공부를 힘들어하는 학생으로 남아 있을 것이다. 다행히 선생님의 권유로 책을 읽을 수 있었고, 덕분에 공부 방법까지 터득하게 되었다. 독서와 학습이 어떻게 연결되어 있는지 보여주는 소중한 사례라고 할 수 있다.

　사실 아이들이 학습을 힘들어할 때 다양한 방법을 동원하여 학습에 흥미를 일으키고 공부를 열심히 하도록 유도하지만, 뜻대로 되지 않는 경우가 많다. 그런데 국어 선생님이 했던 것처럼 함께 책을 읽는 것만으로도 이미 훌륭한 코칭이 진행되고 있음을 알아야 한다. 코칭은 거창한 방법이나 스킬을 요구하는 것이 아니라 매우 단순하고 소박한 모습으로 진행되는 경우가 많다.

학습코칭 포인트

함께 책을 읽는 것만으로도 충분히 학습에 흥미를 불러일으킬 수 있고, 책 읽기를 통해 자연스럽게 학습 방법도 익힐 수 있다.

02

독서와
자기주도학습력

청소년들의 디지털 중독 때문에 고민하는 부모들이 많다. 어려서부터 독서에 습관을 들이고 재미를 붙인 학생은 디지털 기기를 가지고 있어도 어느 정도 조절해 가면서 능동적으로 사용하는 것을 볼 수 있다. 따라서 자녀가 꾸준하게 독서하도록 지도하고 있다면 자기주도학습의 지름길로 가고 있다고 봐도 될 것이다. 그런데 초등학교 때는 독서를 곧잘 하던 학생도 중학교에 진학하고 나서는 상급 학교 진학 준비에 시간을 빼앗겨 독서를 거의 못하는 실정이다.

청소년기의 독서는 학습을 위한 독서, 소양을 쌓기 위한 독서, 진로 설계를 위한 독서 등으로 나눌 수 있다. 내신 성적을 올리는 데 급급한 학생은 학습을 위한 독서에만 치중한다. 하지만 풍부하고 다양한 독서는 자기주도학습 습관을 자연스럽게 익힐 수 있는 가장 쉽고 확실한 방법이다.

"모르는 단어가 너무 많아요"

중학교 1학년 민수는 책상 앞에 앉아 열심히 국어 문제집을 풀고 있다. 내일 있을 국어 시험에 대비하여 문제를 풀고 있는 것이다. 그런데 민수는 내내 곤혹스러운 표정으로 끙끙거리더니, 나에게 도움을 요청하였다.

"선생님, '민요풍' 이게 무슨 말이죠?"

"선생님, '참회' 이건 또 무슨 뜻이죠?"

"선생님, '직유'는 뭘 말하는 거죠? 무슨 말인지 알아야 문제를 풀죠…… 휴~~"

가까이 가서 문제집을 들여다보니 모두 같은 문제에 있는 어휘들이었다. 한 문제에서도 모르는 단어가 이렇게 많은데, 어떻게 문제를 풀 수 있겠는가? 당장 내일이 시험인데 문제도 이해하지 못하고 있으니 여간 걱정이 되는 것이 아니었다. 민수의 어휘력이 이렇게 처참한 이유는 평소에 책을 거의 읽지 않기 때문이다.

이러한 문제는 수학 문제를 풀면서도 여지없이 드러났다. 민수는 문제 자체를 이해하지 못해서 무척 답답해하였다. 제법 난도가 높은 문제는 문제가 무엇을 요구하는지 정확히 아는 것이 중요하다. 따라서 독해 능력이 없으면 수학적 지능이 발달하였다 하더라도 난도 높은 문제 앞에서는 주저앉고 만다.

민수 어머니에게 이러한 현실을 알려 주고, 당장 성적 향상보다는 읽기 능력을 높여 주어야 한다고 제안하였다. 다행히 민수 어머니도 그 부분에 대해 공감하고 민수의 읽기 능력을 키우는 데 함께 노력하기로 하였다.

그 후 나는 매번 코칭을 할 때마다 재미있고 학습에 도움이 될 만한 책을 가져가서 다음 시간까지 읽어 오는 과제를 내 주었다. 수업하러 갈 때면 "오늘은 무슨 책 가져오셨어요?"라고 반기던 민수는 조금씩 읽기에 재미를 붙여 갔다. 그리고 차츰 읽기 능력이 향상되는 것을 볼 수 있었다.

독서로 다져진 아이

"선생님, 저 이번 시험에 평균 10점 이상 올랐어요."

묻지도 않았는데 중학생 현규는 목소리를 높였다.

"그래, 정말 잘 됐다! 그동안 노력한 결과가 나왔구나."

"네, 이번에는 정말 공부를 많이 했어요. 그런데 국어 점수가 떨어졌어요."

"너 국어 잘하잖아?"

"1학기에는 선생님이 하라는 대로 평소에도 학교 진도에 맞춰서 교과서와 참고서를 자세히 읽으면서 공부했고, 시험 때는 문제를 풀었어요. 그런데 이번에는 그렇게 하지 못했어요."

현규는 1학기에 국어 점수가 높게 나와 국어에 자신감을 갖고 있었다. 자신감이 지나쳐 국어에 소홀했던 것이다.

"그럼, 다음에는 어떻게 해야 할까?"

"평소에 꾸준하게 해 두어야겠어요."

"영어는 어땠어?"

"선생님께서 교과서를 천천히 여러 번 읽으라고 하셨잖아요. 여러 번 읽으니까 거의 암기할 정도가 됐는데, 그랬더니 도움이 많이 되었어요."

현규는 2학기 들어서 몇 가지 공부 방법에 변화를 주었다. 영어는 교과서를 천천히 이해하면서 여러 번 읽었고, 수학은 문제가 안 풀려도 해답을 보지 않고 오랫동안 생각하면서 풀게 하였다. 사회와 과학은 학교 진도에 맞춰 복습을 하면서 문제 풀이를 함께하였다.

현규는 학원은 한 번도 다닌 적이 없지만 책을 좋아해서 시험 전날까지도 책을 읽는다. 책을 읽는 습관은 현규가 공부에 집중할 수 있는 든든한 힘이 된다. 독서량이 많은 학생들은 코칭하기가 수월하다. 하지만 독서 습관이 없는 학생들은 챙겨야 할 부분이 훨씬 많다.

초등학교 때는 공부의 기초 체력을 다지는 중요한 시기이다. 독서는 공부의 기초 체력을 다지는 데 가장 좋은 방법이다. 독서로 다져진 아이들은 시간이 지날수록 공부 저력을 발휘하게 된다.

"아는 만큼 보인다."는 말이 있다. 같은 글을 읽고도 배경지식이 풍부한 사람들은 배경지식이 빈약한 사람들보다 훨씬 많은 것을 느끼고 볼 수 있다. 또 똑같은 뉴스를 보면서도 거기에서 유추하고 생각해 내는 것들은 사람마다 다르고 차이가 있다.

그것은 각자의 내면에 존재하는 '스키마(schema, 과거의 경험이나 지식을 토대로 새로운 경험을 친숙하게 받아들이는 것)의 힘'이 다르기 때문이다. 우리의 지식은 경험에서 얻은 에피소드식 지식과 추상화되어 자신의 기억 속에 남는 개념적 지식으로 구분되는데, 이러한 지식들을 통해 스키마가 형성된다.

많은 경험과 고난을 겪고 성취를 이루어 내거나, 많은 책을 읽고 생각을 깊게 하면 내면의 스키마가 커진다. 즉, 내공이 깊어지는 것이다. 이렇게 내공이 깊어져서 스키마가 커지면 문제 해결 능력이나 자기주도학습 능력이 좋아진다. 따라서 스키마의 확장을 위해서 독서력을 키워 주는 것은 매우 중요하다.

> **학습코칭 포인트**
>
> 1. 독해 능력이 약한 학생은 성적 향상을 위한 학습보다, 읽기 능력을 높이는 공부부터 시작해야 한다.
> 2. 독서로 다져진 아이들은 시간이 지날수록 공부 저력을 발휘한다.

03

지름길을
찾아서

공부의 핵심은 읽기에 있다

학년이 올라갈수록 독서 능력이 바탕이 되어 배경지식이 풍부하고, 지식과 지식을 연결하여 추론하고 다양한 사고를 하도록 훈련된 아이가 공부도 잘한다. 그러므로 학습 능력을 발전시키는 지름길은 독서 능력을 키워 주는 것이다. 공부를 못하는 학생들은 마음을 급하게 먹지 말고, 기초로 돌아가 책 읽는 습관과 올바른 독서 방법을 익히는 것부터 시작해야 한다.

공부의 핵심은 '읽기'에 있다. 수학, 영어, 사회, 과학 등 어떤 과목이든 교과서 내용을 확실히 이해하는 것이 공부의 핵심이다. 학습할 수 있는 기초 체력은 바로 책 읽기를 통해 형성된다. 읽고 이해할 수 있는 힘만 있다면 학습 능력의 반은 갖춘 것이나 마찬가지이다.

이러한 독서 능력은 일생 동안 조금씩 길러지는 것이 아니라, 4~5세 때 시작되어 초등학교 시절에 거의 완성되는 능력이라고 한다. 따라서 이 시기에 독서 능력을 키우지 못한 아이는 상급 학교로 갈수록 공부가 어려워지고 공부에 흥미를 잃게 된다. 반대로 이 시기에 독서 능력을 충분히 기른 아이는 갈수록 학습이 수월해진다.

글자를 안다고 해서 독해 능력이 있는 것은 아니다. 누구나 글자를 읽을 수 있지만 독해, 즉 글을 이해하는 능력은 개인마다 다르다. '영상 세대'로 불리며 독서량이 절대적으로 부족한 요즘 아이들 중에는 독해력에 심각한 결함을 보이는 경우가 많다.

학습 부진의 주된 원인은 읽기 능력 부족에 있다. 이러한 아이들은 성인이 되어서도 같은 글을 두세 번 읽어야 겨우 이해하는 모습을 보인다. 그러니 읽기 능력이 부족한 학생들은 지금부터라도 매일 조금씩 책을 읽으며 부족한 독서량을 채우는 훈련이 필요하다. 물론 독서량만큼이나 '올바른 읽기 방법'도 매우 중요하다.

재미있는 장르

학교에서 가출 때문에 상담을 받고 있던 중학교 2학년 중환이를 만난 것은 어느 해 여름이었다. 중환이는 흔히 말하는 문제아였는데 학교에서도 요주의 인물이었고, 부모님도 "학교만 졸업하라."고 애원할 정도였다.

중환이는 나와의 첫 만남부터 다소 도발적인 자세로 나왔다. 중환이가 나에게 던진 첫 마디는 "저는 공부는 안 해요. 재미없어요. 저 공부시키려거든 그냥 가시는 게 좋을 거예요."이었다.

나는 웃으면서 "너, 공부하려고 했어? 넌 아직 준비가 안 돼서 공부할 단계가 아닌 것 같은데. 공부 안 할 거니까 나중에라도 공부하고 싶으면 그때 이야기해."라고 하였다.

그리고 말을 이었다.

"야, 너 싸움 좀 한다면서? 커서도 계속할 거냐? 선생님도 학교 다닐 때 싸움 좀 했는데 지금은 싸움 같은 거 안 해. 선생님이 너한테 뭔가 도움을 줄 수 있을 것 같은데 우리 앞으로 잘해 보자."

중환이와의 코칭은 이렇게 시작되었다. 중환이는 한글 공부부터 다시 해야 할 정도로 심각한 수준이었다. 대화할 때 사용하는 어휘도 초등생 수준으로, 4학년 동생보다도 수준이 더 낮은 상황이었다. 딱히 수업 시간에 할 수 있는 게 없었다.

그런데 중환이는 만화 읽는 것은 좋아하였다. 그래서 선택한 것이 만화 읽기였다. 우리는 매번 만날 때마다 만화를 읽었다. 내가 하는 일은 중환이의 수준에 맞는 좋은 만화를 구해 오는 것이었고, 중환이는 그 시간에 즐겁게 만화를 읽었다. 나는 중환이가 보고 나면 그 책을 받아서 읽었다. 중환이가 읽어야 내가 읽을 수 있었기 때문에 중환이는 더 열심히 읽었다. 그렇게 백 권이 넘는 만화를 읽었다.

어느 날부터는 가끔 신문도 읽었다. 일간지 두 개를 준비해서 서로 번갈아 가면서 읽고 인상 깊은 기사를 이야기하였는데, 중환이가 의외로 본인의 관심 분야에 대해서 적극적으로 이야기를 하는 바람에 수업이 늦게 끝나고는 하였다.

그렇게 수업을 여러 달 진행하던 어느 날, 중환이가 코칭 시간이 1시간이 지났는데도 오지 않았다. 할 수 없이 '다음 시간에 봐야겠구나.' 하고 생각하던 찰나에 중환이가 숨을 헐떡이며 달려왔다.

"많이 늦었네. 무슨 일이 있었니?"

"모레가 시험인데요. 우리 반 1등 아이 노트를 베껴 오느라고 좀 늦었어요. 죄송합니다."

처음 만났을 때 자기는 공부 안 할 거라고 말했던 중환이가 시험 공부를 하고 온 것이다. 그동안 공부에 관한 이야기는 하지 않아서 그 부분은 크게 신경 쓰지 않았는데, 내면에서 변화가 오고 있었던 것이다.

"그래, 어디 좀 볼까? 음, 사회하고 역사를 정리했구나."

"네. 베끼면서 열심히 외웠어요."

"오, 그래? 그럼 몇 가지 물어볼까?"

"네, 물어보세요. 열심히 외웠으니까 자신 있어요."

나는 중환이가 대답하기 쉬운 내용만 골라서 물어보았다. 그랬더니 중환이는 곧잘 대답을 하였다.

"야, 정말 열심히 쓰고 외웠나 본데?"라고 칭찬을 해 주었다.

그날을 계기로 중환이는 공부에 조금씩 재미를 붙여 갔다.

위 사례에서 보듯이 독서 능력이 떨어지는 학생은 본인이 재미있어하는 장르부터 시작하는 것이 좋다. 그러면서 읽기에 어느 정도 익숙해지면 서서히 신문이나 시사적인 내용을 곁들여서 읽기에 재미를 붙이도록 이끈다. 그리고 읽은 내용에 대해 이야기하면서 생각하는 능력을 기르도록 하면, 자연스럽게 교과에도 관심을 갖게 된다.

학습코칭 포인트

1. 공부의 핵심은 '읽기'에 있다. 학습할 수 있는 기초 체력은 바로 책 읽기를 통해 형성된다.
2. 독서 능력이 부족한 학생은 흥미 있는 분야부터 시작하여 점점 분야를 확대해 나간다.

04

책 읽어 주는
선생님

혼자 책 읽는 것에 소극적인 아이들은 일단 어휘력을 점검해 볼 필요가 있다. 이러한 아이들은 책 읽기를 아이 혼자의 몫으로 놓아두기보다 부모와 코치가 책을 읽어 주며 도움을 주는 것이 효과적이다. 아이가 문자를 깨우쳤다고 해서 책 읽어 주기를 그만두어서는 안 된다. 물론 아이가 이제 혼자 읽겠다고 하거나, 읽어 주는 속도보다 읽는 속도가 빨라지는 시점부터는 더 이상 읽어 주지 않아도 된다.

너무 일찍 책 읽어 주기를 그만두면 아이는 읽을 수 있는 것보다 더 쉬운 책만 골라 읽게 될 가능성이 크고, 그러다 보면 흥미를 잃게 될 수 있다. 책 읽어 주기를 통해 듣기 훈련이 된 아이는 교사의 말이나 다른 사람의 이야기를 귀담아듣는 태도가 자연스럽게 형성되어 수업 집중도도 높아진다.

　어느 초등학교 6학년 선생님이 아이들의 독서 습관을 길러 주기 위해 '아침 10분 독서'를 실시한 적이 있다. 그런데 습관이 안 된 아이들은 이 시간을 힘들어했고 시간이 지나도 개선되지 않았다. 고민하던 선생님은 아이들에게 책을 읽어 주기로 결심하였다.

　처음에는 유치하다며 거부하는 아이들도 있었지만 아이들은 점점 책 읽어 주는 소리에 집중하기 시작하였다. 결과는 대단히 성공적이었다. 아이들은 선생님의 목소리에 귀 기울이기 시작하였고 나중에는 독서 습관이 정착되었다고 한다. 이렇듯 책 읽어 주기는 독서 습관을 길러 주는 좋은 방법이 될 수 있다.

　코칭을 할 때도 코치는 아이들에게 큰소리로 책을 낭독하도록 주기적으로 지도할 필요가 있다. 그룹 코칭을 할 때는 읽은 내용 중 기억에 남는 부분을 돌아가면서 읽도록 하면, 읽기 능력 향상에 많은 도움을 줄 것이다.

"내가 책을 읽어 주지"

　프랑스 도심 변두리의 어느 고등학교. 이 학교에는 괜찮다는 고등학교에서 입학을 거절당한 학생들이 모여 있다. 학생들의 마음속에는 진한 패배주의와 회색빛 허무주의가 짙게 드리우고 있었다. 신학기에 제출하는 자기소개서에는 자신에 대한 온통 부정적인 말들을 배설하듯 적어 놓았다. 아마도 아이들은 그렇게 함으로써 학습에 대한 부담과 숱한 의무 사항들로부터 면죄부를 받고 싶은 듯하였다. 아이들은 자신을 존중하지 않는 것 같았다. 아이들은 끊임없이 자유를 갈망하면서도 스스로 세상과 단절시키기 위해 노력하였다. 자신을 버림받은 존재라고 믿고 있었다. 이러한 이중적 태도에 갇힌 아이들에게 어떤 도움을 줄 수 있을까?

이들의 선생님인 다니엘 페낙은 아이들에게 책을 읽게 해야겠다고 생각하였다. 물론 학생들은 책 읽기를 정말이지 좋아하지 않았다. 책을 읽으라고 하면 아이들은 "모르는 말이 너무 많아요.", "너무 두꺼워요.", "지겨워요." 하면서 책 읽기를 거부하였다. 이런 학생들에게 어떻게 책을 읽게 한단 말인가?

페낙은 학생들에게 이렇게 말하였다.

"책 읽기 싫은 사람, 손들어 봐."

그러자 무수히 많은 손들이 교실 가득히 올라오는 것을 볼 수 있었다. 한마디로 만장일치라고 할 만하였다. 그런 모습을 보면서 페낙은 다시 말하였다.

"좋아. 너희들이 책 읽기가 그렇게 싫다면, 내가 대신 책을 읽어 주지."

그러고는 가방에서 엄청나게 두껍고 묵직해 보이는 책을 꺼냈다. 학생들은 '설마 저걸 다 읽으시겠다는 것은 아니겠지?' 하는 표정으로 선생님을 바라보았다. 예기치 못한 상황에 당황한 기색이 역력하였다.

"다들 준비되었겠지?"

'맙소사, 저걸 다 읽으려면 1년도 더 걸릴 것 같은데.'

학생들은 긴장감이 흐르는 표정으로 선생님을 쳐다보았다. 어떤 학생은 필기를 해야 할지도 모른다는 생각에 노트를 펴고 볼펜을 쥐었다.

"아니, 필기는 안 해도 돼. 그냥 열심히 들으면 되는 거야."

선생님은 천천히 책을 읽어 나가기 시작하였다. 아이들은 어떤 식으로 들어야 할지 난감하였다. 처음 있는 일이었기 때문이다. 손은 어디다 두어야 할지, 고개는 또 어떻게 해야 할지…….

"다들 편하게 앉아서 듣도록. 긴장은 풀고 말이야."

그러자 결국 한 학생이 큰소리로 질문을 하였다.

"아니, 지금 우리한테 책을 읽어 주시겠다는 겁니까?"

"그래, 선생님이 너희에게 책을 읽어 주고 있는 거야."

"하지만 우리는 책 읽어 줄 나이가 한참 지났는데요?"

"그래? 만약 10분이 지나도 그런 생각이 든다면 손을 들도록 해. 내가 수업 방식을 바꿀 테니까."

"그런데 그거 무슨 책이에요?"

"응, 소설이야."

선생님은 다시 책을 읽기 시작하였다.

"제1장. 18세기 프랑스에 한 남자가 살고 있었다. 그는 그 시대에 가장 천재적이면서도 가장 혐오스런 인물 가운데 하나였다. 아무리 그 시절이 혐오스런 천재들이 지천이었던 시대였다 하더라도 말이다. ……"

그렇게 페낙은 학생들에게 파트리크 쥐스킨트의 《향수》를 읽어 주기 시작하였다. 10분이 지났을 때 손을 든 사람은 없었다. 학생들은 점점 이야기 속으로 빠져들었다. 매 시간 학생들은 그 전 시간에 읽은 다음 부분부터 듣기 시작하였다. 어떤 학생은 잠깐 잠이 들기도 하였다. 그러면 깨어났을 때 '에이, 잠들어 버렸잖아!'라고 후회하면서 자신이 듣지 못한 부분에 대해 질문을 하였다. 확실히 학생들은 소설에 깊이 빠진 것 같았다.

그리고 이것저것 질문을 하기 시작하였다.

"선생님, 그런데 쥐스킨트가 누구예요? 아직 살아있어요?"

"《향수》는 원래 프랑스어로 쓰인 책인가요?"

그리고 몇 주가 지나자 예상치 못한 질문이 들려왔다.

"선생님, 《예고된 죽음의 연대기》 정말 재미있었어요. 그런데 《백 년 동안의 고독》은 무슨 내용이에요?"

"선생님, 팡트 있잖아요, 팡트! 《나의 멍청한 개》, 그 책 좀 골 때리는 것 같아요. 되게 웃겨요!"

어떤 학생은 더 나아가 자신이 읽은 작품에 대해 비평을 하기도 하였다. 단지 학생들에게 책을 읽어 주기만 했을 뿐인데 아이들은 거기서 더 나아가 다른 책을 찾아 읽었고, 그렇게 함으로써 자신의 배고픔을 채웠다. 소설 읽기를 하기 전까지 아이들은 자신이 굶주리고 있다는 사실을 알지 못하였다. 하지만 이제는 적극적으로 다른 책을 찾아 읽음으로써 허기를 채워 나갔다.

페낙의 책 읽기 수업은 끝까지 진행되기 어려웠다.

"선생님이 읽어 주셔서 정말 도움이 많이 되었어요. 하지만 나중에 저 혼자 읽는 것도 괜찮을 것 같아요."

이로써 선생님의 목적은 완성되었다. 아이들은 책의 뒷부분을 스스로 찾아서 읽을 것이기 때문이다. 이 수업을 통해 학생들에게 찾아온 변화는 또 있었다. 아이들은 자기가 읽은 책에서 좋아하는 구절을 외워서 서로에게 이야기해 주고는 하였다. 공부할 때는 그렇게 외우는 것을 싫어하더니 스스로 찾아낸 문장은 알아서 암기하게 된 것이다.

물론 책 읽어 주기가 공부의 완성은 아니다. 하지만 이렇게 책과 학생을 연결해 준다면, 학생은 공부를 잘할 수 있는 기회의 문을 연 셈이 된다.

학습코칭 포인트

1. 책 읽어 주기는 독서 습관을 만드는 좋은 방법이 될 수 있다.
2. 책을 읽으라고 지시하지 말고, 책을 읽고 싶은 마음이 들게 해야 한다.

05

오해와
편견

한 초등학교 5학년 학생을 코칭할 때의 일이다. 독서 습관을 들일 필요가 있어서 아이와 상의해 책을 일주일에 3권씩 읽기로 하였다. 아이는 자신이 한 달에 3~5권의 책을 읽고 있는데, 일주일에 3권이면 그전보다 훨씬 많은 책을 읽게 되는 것이라며 자랑스러워하였다. 자기도 독서가 중요하고 도움이 된다는 사실을 잘 알고 있으며, 본인의 독서량이 적다며 부끄러워하였다.

사실 코칭을 하면서 이 정도의 학생을 만나는 것은 행운이다. 그런데 아이는 독서를 하기로 하면서 나에게 "독후감도 써야 하나요?" 하고 물었다. 으레 책을 읽으면 당연히 독후감을 써야 한다고 교육을 받았기 때문이다. 알고 보니 독후감 때문에 독서 흥미가 떨어졌던 것이다. 그래서 독후감은 쓰지 않아도 된다고 말하고, 그 대신 책 제목과 출판사, 지은이 정도만 기록하고 우선 책을 열심히 읽는 데 주력하게 하였다.

독서 습관이 형성되기도 전에 성급하게 독후감을 쓰게 하는 것은 자칫 독서에 대한 흥미를 떨어뜨릴 수 있으므로 주의해야 한다. 아이에게 책을 읽은 후 독후감을 쓰게 하거나 그림을 그리도록 하는 방법도 좋지만, "너라면 어떻게 했겠니?" 물으며 아이와 폭넓은 대화를 나누는 것도 좋은 방법이다.

대개 초등학교 3~4학년을 경계로 책을 '잘 읽는 아이'와 '안 읽는 아이'로 나뉜다. 이때까지 책 읽기 습관을 들이지 못했다면, 또래 아이들과 독서 동아리를 만들어 주는 것도 독서 습관을 들이는 데 유용한 방법이 될 수 있다. 책을 함께 호흡하고 나눌 수 있기 때문에 자연스럽게 책에 스며들 수 있다.

"책이 하나도 재미없어요"

초등학교 4학년인 준영이는 학습 능력이 보통 수준이다. 영어와 수학 학원을 다니고 있는데, 영어 수업의 레벨이 높아 수업을 따라가기 힘들다고 푸념을 한다. 그러나 엄마의 뜻을 거스르지 않고 잘 따라 하려는 착실한 스타일이다. 학원 숙제가 많아서 책 읽을 시간은 별로 없다. 자연히 책과는 멀어지고 있는 상황이었고, 책도 잘 읽지 않는 편이다.

어느 날 준영이가 이미륵의 《압록강은 흐른다》를 읽고 있었다. '준영이가 읽기에는 아무래도 힘들지 않을까?' 하는 생각에 책 내용이 어떤지 물어보았다.

"책 재미있니? 읽을 만해?"

"아뇨, 재미 하나도 없어요."

원망과 분노가 섞인 표정이었다.

"그런데 왜 읽어?"

"권장 도서라서 엄마가 읽으래요."

화가 잔뜩 난 표정으로 말한다.

"그래? 엄마가 왜 갑자기 그러시지?"

"지난주에 엄마가 안방에서 갑자기 저를 급하게 부르셨어요. 하도 급하게 불러서 저는 엄마가 다친 줄 알았어요."

그래서 엄마한테 뛰어갔더니 손을 잡으면서 "준영아. 너, 이제부터 책 좀 많이 읽어야겠다. 알았어? 알았으면 네 방으로 가."라고 하셨다는 것이다.

엄마가 학원 설명회를 갔는데 책을 많이 읽는 아이가 공부도 잘한다는 이야기를 듣게 되었고, 마음이 급해진 엄마는 준영이를 붙들고 책을 많이 읽으라고 했던 것이다. 그리고 나서 며칠 후 엄마는 신문에 실린 권장 도서를 보고 그 책을 사 주었던 것이다. 하지만 준영이는 안타깝게도 권장 도서 대부분을 읽을 수준이 안 되었다. 그러니 읽는 것이 고역이었고, 화가 잔뜩 나 있었다.

이렇듯 무조건적인 책 읽기는 아이를 힘들게 한다. 아이가 자신의 수준에 맞지 않는 책을 읽게 된다면 아이는 학습과 독서에서 더 멀어질 것이다. 준영이 엄마는 무턱대고 책을 사 주고 읽으라고 할 것이 아니라, 준영이가 책을 잘 읽을 수 있도록 도와주었어야 했다. 아이에게 책을 권하면서 엄마도 함께 읽는다면 더 적극적인 독서 지도를 할 수 있을 것이다.

〈책 읽는 아이로 키우는 몇 가지 방법〉

1. 책이 가까이에 있는 환경이어야 한다.

책을 잘 읽는 아이들은 그렇지 않은 아이들에 비해 집에 책이 더 많다. 학교에서 학급 문고를 운영한다거나 교실에 읽을거리가 풍부하면 아이들은 독서를 더 많이 한다. 학교 도서관의 좋은 읽기 환경도 더 많은 독서를 하게 한다. 따라서 계획적으로 자주 도서관에 방문하는 것도 독서 습관에 좋은 영향을 준다. 고등학교 학생들도 교사가 학생들을 도서관에 자주 데리고 가자 학생들이 더 많이 독서를 하였다는 연구 결과가 있다.

2. 소리 내어 책을 읽어 주면 더 많이 읽는다.

독서에 열성적인 아이들은 일반적으로 어렸을 때 책 읽어 주기를 경험한 것으로 나타났다. 책 읽어 주기는 초등학생뿐만 아니라 대학생을 대상으로 한 연구에서도 긍정적인 영향을 미친 것으로 나타났다. 독서에 아직 준비가 덜 된 대학생들을 대상으로 13주 동안 1주일에 1시간씩 책을 읽어 주고 작품에 관한 토의도 하였다. 그 수업에 참여한 학생들은 비슷한 수준의 다른 클래스의 학생들보다 더 많은 양질의 책을 대출하였고, 기말에세이 평가에서도 더 좋은 성적을 받았다.

3. 특별히 기억에 남는 한 권의 책을 만들어 주자.

단 한 번의 매우 긍정적인 책 읽기 경험이 책과 친하지 않았던 사람을 열성적인 독자로 만들 수 있다. 독서를 잘하는 아이들은 대부분 책 읽기에 흥미를 가지게 된 특별한 책이 있다고 이야기한다. 어떤 책이 아이에게 특별한 경험을 주게 될지는 아무도 모른다. 그러므로 아이에게 다양한 독서 기회가 주어져야 한다.

4. 다른 사람의 책 읽는 모습은 독서의 동기를 올려 준다.

아이들은 집이나 학교에서 다른 사람이 책을 읽는 모습을 보게 되면 더 많이 책을 읽게 된다. 학교에서도 책을 좋아해 자주 읽는 모습을 보여 주는 교사의 아이들은, 그렇지 않은 교사의 아이들보다 더 많이 책을 읽는 것으로 확인되었다. 따라서 가정에서 부모가 여가를 이용해 책을 더 많이 읽는다면 자녀의 독서 시간은 더 늘어날 것이다.

5. 책을 읽을 수 있는 시간을 주면 자발적으로 읽는다.

아이들에게 단지 책 읽을 시간을 주는 것만으로도 더 많은 독서를 하게 할 수 있다. 학교에서 일정 시간을 정해 독서를 하도록 하면, 아이들은 독서 시간 이외의 시간에도 점점 더 많이 책을 읽을 것이다.

6. 읽고 싶은 책을 스스로 골라 읽는 것이 중요하다.

책의 내용이 이해하기 힘들거나 흥미롭지 못하면, 아이들의 독서를 지도하는 데 역효과를 가져올 수 있다. 따라서 아이들이 자신에게 맞는 책을 읽을 수 있도록 도와주어야 한다. 이런 경험이 쌓이면 읽고 싶은 책을 스스로 골라 읽고 거기에서 즐거움을 만끽할 수 있을 것이다.

06

지혜의 기술

일반적으로 독서를 잘하는 아이들이 공부도 잘한다. 하지만 항상 그런 것은 아니다. 수업 시간에 배우는 교재는 대부분 비문학으로 구성되어 재미없고, 쉽게 읽히지도 않기 때문이다. 앞에서 〈책 쓰기 프로그램〉에 참여하였던 학생의 "동화책은 재미있게 잘 읽었지만, 교과서를 읽을 때는 15분쯤 지나자 머리가 아파 왔다."는 경험은 문학 중심의 책 읽기와 비문학 위주의 교과서 읽기 사이에 어떤 간격이 있다는 것을 말해 준다. 따라서 배움에 흥미를 잃고 교과서나 비문학 책을 읽는 것에 어려움을 겪는 학생들에게는 적절한 읽기 코칭이 필요하다.

"공부하는 거 너무 힘들어요"

창민이를 처음 만난 건 중학교 2학년 겨울방학 때였다. 창민이를 소개해 준 분이 "너무 어려운 아이를 소개해 드려 죄송해요."라고 말하였을 정도로, 학업에 대한 의지와 자신감이 바닥이었던 학생이다.

창민이는 중학교 첫 시험 성적이 너무 안 좋아서 부모님께 성적표를 보여 주지 않았고, 성적표를 몰래 본 아버지는 충격이 꽤 컸다. 그래서 창민이 아버지는 창민이와 함께 집 근처 공원에 가서 성적에 관해 이야기를 나누었다.

"창민아, 아빠는 네가 공부를 아주 잘하기를 바라지는 않아. 그런데 이건 좀 심한 거 아니니? 중간 정도만 해도 아빠는 만족이다."

"아빠, 저 정말 공부를 잘하고 싶은데요, 그게 안 돼요. 이럴 바에는 15층에서 떨어져 죽어 버렸으면 좋겠어요."

아이의 말에 충격을 받은 아빠는 엄마와 상의한 끝에 아이를 그냥 내버려 두기로 하였다. 그런데 그렇게 내버려 두자 아이의 성적은 더 떨어졌다. 어찌해 볼 도리가 없었다. 하지만 중3을 앞두고 더 이상 내버려 둘 수가 없다고 판단한 엄마는 코칭을 의뢰하기로 하였다.

예상은 했지만 창민이는 처음부터 완강하게 수업을 거부하였다. 그래서 나는 무슨 이유로 수업을 거부하는지 물었다.

"수업을 안 하려고 하는 특별한 이유라도 있니?"

"저, 공부하고 영어 단어 외우고 이런 거 힘들어서 이제 안 하려고요."

"음, 나하고의 수업은 그런 거 하는 거 아니야. 난 영어 선생님도 아니고. 하지만 나는 많은 학생을 만나고 있고, 그들이 무엇을 고민하고 또 무엇을 원하는지를 알아. 아마 부모님이 해 주지 못하는 부분도 내가 해 줄 수 있을 거야. 네가 말한 것처럼 나도 학교 다닐 때 엄청 공부를 싫어했어. 아빠하고 사이가 안 좋았거든. 그래서 아빠 때문에 내가 공부를 못하는 거라고 생각했어. 하지만 그게 아니었어. 지금은 그 이유를 알아."

"그 이유가 뭔데요?"

"그건 말이야. 나도 그때는 몰랐는데 나한테 꿈과 목표가 없었어. 왜 공부를 해야 하는지 잘 모르겠더라고. 그래서 많이 방황하고 짜증도 내고 부모님께 반항하기도 했지."

"선생님도 그럴 때가 있었어요?"

"그럼, 아주 심각했다니까. 그래서 요즘은 아이들 만나면 꿈을 갖자고 이야기하고 있어. 선생님과 함께 꿈을 찾아보자고 이야기를 하지. 만약 우리가 공부해야 할 확실한 이유가 생긴다면 어려운 공부도 더 잘해 나갈 수가 있을 거야. 난 너에게 그 꿈으로 안내할 거고, 또 꿈을 이루는 공부를 할 수 있도록 도울 거야. 물론 전에도 학원이나 과외를 하면서 도움을 받기도 했겠지만 나는 너의 속도에 맞출 거고, 일방적인 지시나 명령이 아니라 함께하는 동반자가 되어 이끌어 줄 거야. 어때 할 수 있겠지?"

"네, 그러면 이제 어떻게 해야 하죠?"

"음, 다음 시간에는 내가 PPT 자료를 가져와서 함께 꿈과 목표에 관한 내용을 공부할 거야. 이건 학교에서도 배울 수 없는 내용인데, 난 너의 코치니까 특별히 하는 수업이야. 기대해도 좋아."

"그럼, 다음 주까지는 아무것도 안 해도 되나요?"

"왜? 숙제가 없으니까 불안하니? 불안해할 필요 없어. 숙제가 있으니까. 다음 주까지 네가 잘하는 거나 장점, 강점 이런 것들을 생각해 봐. 많을수록 좋겠지? 기억이 안 날 수도 있으니 메모를 하도록 해."

"숙제가 간단해서 좋네요."

"하지만 열심히 해야 한다."

일주일 후에 만났을 때 창민이는 자신의 장점을 적은 종이를 내밀었다. 창민이는 축구나 음악, 기타 연주 등 예체능 쪽에 관심이 많았고 그쪽에 강점이 있었다. 그런데 학교에서는 그런 장점을 드러낼 기회가 별로 없었고, 학업 성적이 낮아 자존감이 낮은 상태였다.

나는 창민이의 기타 실력을 보고 싶었다. 그래서 한번 연주를 해 보라고 하였다. 아니나 다를까 스스로 자신 있는 것이어서인지 바로 폼을 잡고 연주에 몰두하였다.

"야, 제법인데. 멋진 걸. 나도 학교 다닐 때 기타를 배울 기회가 있었는데 그때 안 배웠던 게 후회가 돼."

칭찬을 한 후 예정된 꿈과 목표에 대한 수업을 하였다. 자신의 진로에 대해 이야기를 하자 눈에 반짝 빛이 났다.

그렇게 꿈과 목표, 진로, 자신감 갖기, 긍정적인 자아 이미지 만들기 등의 수업을 하자 창민이가 공부에 대한 고민을 털어놓았다. 수업 시간에 무슨 말을 하는지 못 알아듣겠고 집중도 되지 않아 힘들다는 것이었다. 고등학교도 가야 하는데 너무 늦은 것 아니냐며 한숨을 지었다.

"그래? 공부를 잘하고 싶구나. 그럼, 무엇이 문제인지 한번 알아보자. 혹시 교과서 있니?"

"네. 국어하고, 영어하고, 역사하고……."

"그래, 그럼 역사 교과서를 한번 읽어 보자."

나는 역사 교과서를 펴고 조선 전기의 한 부분을 소리 내어 읽도록 하였다. 얼마나 텍스트에 대한 이해를 하고 있으며, 소화할 능력이 있는가를 보기 위함이었다. 창민이는 책을 읽기 시작하였다.

"태종은 왕권을 강화하기 위해 사뼝을 혁파하고 조세를 징수하고 노비안검법을 실시하였다. ……"

창민이는 책을 읽을 때 많이 더듬었고 발음도 부정확하였다. 그래서 확인을 위해 질문을 하였다.

"그런데 아까 그…… '사뼝' 말이야. 사뼝이 뭐지?"

"글쎄요? 잘 모르겠는데요?"

교과서를 보니 '사병'을 '사뼝'으로 읽은 것이다. 일단 적힌 대로 사병으로 읽으라고 말한 뒤, 읽은 내용을 노트에 적어 보라고 하였다. 짧은 글을 읽고 어느 정도 기억을 하는지 보기 위함이었다. 잘못 적은 단어가 눈에 들어왔다.

"음, 그런데 '조세 장수'를 적어 놓았네. '조세 장수'는 뭐야?"

"네, 저…… 군인 아닌가요? 잘 모르겠네요."

장수라는 말에 군인을 생각한 모양이다. 다시 책을 보라고 했더니 장수가 아니라 징수임을 확인하고 겸연쩍게 웃는다.

"그런데 아까 보니까 자꾸 책을 읽을 때 더듬던데, 글씨가 잘 안 보이니? 아니면 읽을 때 마음이 좀 급한 거니?"

"네, 마음이 좀 급해요. 빨리 읽어야 할 것 같아서 마음이 조급해지니까 자꾸 더듬게 되네요."

"음, 그렇구나. 일단 교과서 같은 책은 내용을 잘 알기 위해서 천천히 읽을 필요가 있어. 그래야 무슨 내용인지 알 수가 있지. 또 아무리 천천히 읽어도 모르는 단어가 많이 있으면 의미를 파악하기가 어려워. 단어의 뜻을 아는 것도 중요해. 아, 그렇다고 너무 겁먹을 필요는 없어. 그래서 코치가 있는 거 아니겠니?"

창민이를 안심시킨 뒤 사전을 검색하게 해서 본격적으로 읽기 수업을 진행하였다. 우리는 매주 만날 때마다 교과서를 한 페이지 정도 읽고, 모르는 낱말의 뜻을 교과서에 옮겨 적었다. 그러고는 의미를 생각하며 다시 천천히 읽게 하였다. 책을 읽을 때면 좀 천천히 읽으라고 옆에서 알려 주었다. 그다음은 중요하다고 생각되는 곳에 밑줄을 그으면서 읽으라고 하였다. 밑줄을 긋고 읽자 나는 천천히 잘 읽었다며 칭찬해 주었다. 그러고는 읽은 내용을 생각나는 대로 적어 보라고 하였다. 최대한 자세하게 적으라고 하고, 생각이 잘 나지 않으면 천천히 머릿속에 떠올려 보라고 하였다. 그런 다음 다시 교과서를 읽고 아까 생각나지 않았던 부분을 보충해서 적게 하고, 중요한 내용은 외우면서 다시 한번 읽으라고 하였다. 다 읽고 나서 다시 노트에 옮겨 적게 하였다.

창민이는 여러 번 반복하니 "힘들기는 하지만 기억도 되고 이해도 더 잘 되는 것 같다."며 좋아하였다. 그러던 중 어느덧 중간고사가 다가

왔다. 그런데 창민이는 아직 역사책 읽기 공부를 시험 범위까지 끝마치지 못하였다. 한 페이지 소화하는 것도 힘들었기 때문에 천천히 수업을 나갈 수밖에 없었다. 그래서 1/3 분량을 더 해야 했다. 시험까지는 일주일이 남아 있었다.

"창민아, 아무래도 나머지 부분은 네가 혼자서 해야 할 것 같아. 지금까지 해 오던 대로 하면 돼. 어때? 혼자서도 할 수 있겠지?"

"네, 한번 해 볼게요."

시험이 끝나고 일주일 후에 나는 다시 창민이를 만났다.

"창민아, 역사는 시험 범위까지 공부를 다 마쳤니? 한번 공부한 흔적 좀 볼까?"

책을 보니 책이 거의 걸레가 되어 있었다. 여러 색깔의 펜으로 밑줄을 그으며 반복해서 읽고 또 읽었던 것이다.

"그래, 열심히 노력했구나. 노력한 만큼 결과도 잘 나왔으면 좋겠는데…… 시험 결과는 어때?"

"네, 역사 두 개 틀렸어요."

만족스러운 표정으로 환하게 웃는다.

"저, 그런데요. 고민이 생겼어요."

"뭐지?"

"그러니까 모든 과목을 이런 식으로 공부해야 하는 거잖아요. 이렇게 보고 또 보고 또 보고……."

"그래, 맞아. 반복의 가치를 알아낸 것을 보니 공부에 대한 중요한 수수께끼 하나를 푼 것 같구나. 이제 우리는 다른 과목에도 이런 방식을 적용할 거야. 천천히, 하지만 꾸준히, 알겠지?"

창민이와의 수업은 그렇게 1년간 계속되었다. 창민이는 시간이 흐를수록 공부 방법과 요령을 터득해 갔다. 공부의 기술을 지혜롭게 하나둘씩 깨달아 갔던 것이다. 창민이의 경우는 학습이 부진한 학생에게서 일반적으로 볼 수 있는 사례이다. 학습 동기 부족과 기초 학습 능력 저하로 인한 의욕 상실과 악순환. 이러한 아이들은 교과서를 제대로 읽을 수 있도록 해 주고, 읽는 과정에서 알아 가는 재미를 느끼게 해 주는 것이 좋다. 그리고 천천히 하는 공부를 통해 모르는 내용이 나오면 정확하게 알고 넘어가는 습관을 갖도록 하는 것이 필요하다.

영어 교과서 슬로 리딩

중2 민지에게 영어 교과서를 한번 읽어 보라고 하였다. 이미 수업 시간에 배운 내용이고, 시험 때 공부했던 부분이라 어떻게 읽는지 보고 싶었다. 그런데 읽는 것을 보니 중1 수준의 어휘도 제대로 소화하지 못하고 있었다. 그러니 학교 수업은 무슨 말인지 모르는 부분이 많을 것이고, 민지에게 수업 시간은 아마도 견디기 힘든 시간일 것이다. 지금 상태라면 시간이 갈수록 영어가 더 어려워질 것이다. 민지에게 영어가 왜 그렇게 어려운지 물었다.

"문법이 너무 어려워요. 도대체 무슨 말인지 모르겠어요."

초등학교 때는 회화 중심으로 하기 때문에 그런대로 따라가지만, 중학교부터는 수업 시간에 문법 비중이 높아져 흥미를 잃고 포기하는 학생들이 생겨난다.

"그래, 그렇기도 하겠네. 그런데 우리말은 문법을 몰라도 잘하고 있잖아. 문법을 몰라도 영어를 잘할 수 있는 방법이 있는데 한번 해 볼래?"

"문법을 알아야지, 어떻게 문법을 모르는데 영어를 잘해요?"

"물론 문법을 잘 알아야 하지. 하지만 영어도 말이기 때문에 자주 사용하면 언어의 규칙이 나도 모르게 몸에 배게 되지. 그러니까 넌 지금 우선 영어 사용 횟수를 늘려야 한다는 거야. 교과서를 더 많이 반복해서 읽을 필요가 있어."

"책을 얼마나 읽어야 하는데요?"

반신반의하는 표정으로 묻는다.

"책을 매일 읽고 또 노트에 한 번 써야 해. 먼저 제대로 읽는 것이 중요하고, 그것을 옮겨 적으면서 단어나 어순을 정확하게 익힐 필요가 있지. 일단 네가 지금 영어를 너무 어려워하니까 학습량을 많이 하는 것보다는 할 때 제대로 하는 것이 중요하고."

"다 노트에 적으라구요? 언제 다 적어요……."

"안 하던 것을 하려니 엄두가 안 나겠지만, 해 보면 별로 어렵지 않아."

"일단 해 볼게요. 어떻게 하면 돼요?"

"우선 본문을 읽을 수 있어야 해. 읽는 건 내가 도와줄게. 그리고 읽는 것이 익숙해지면, 그 과의 본문하고 문법 구문을 매일 한 번씩 쓰는 거야. 쓰면 집중이 되고, 단어를 정확하게 쓸 수 있는 힘이 길러지지. 이것을 학교 진도와 함께 계속하는 거야. 학교에서 4과를 하면 4과를, 5과를 하면 5과를 읽고 써 나가는 거지. 물론 중간에 지난 과(lesson)를 쓰게 될 수도 있어. 그건 선생님이 그때 가서 말해 줄게."

"그럼, 오늘은 4과를 읽어야겠네요."

"그렇지 한번 읽어 봐. 틀려도 좋으니 크게 읽어 봐. 그래야 내가 고쳐 줄 수 있으니까."

그렇게 민지와의 영어 코칭이 진행되었다. 그리고 매일 읽고 쓰기를 반복하였다. 그러던 어느 날 민지가 한 가지 제안을 하였다.

"선생님, 그런데 단어도 좀 외워야겠어요."

"왜?"

"자꾸 읽다 보니까 뜻도 궁금하고요. 조금씩 해석이 되는 것 같아서요."

"그래, 그럼 오늘부터는 단어 테스트를 좀 해 볼까? 10분 정도 시간을 줄 테니 지금 공부하고 있는 과(lesson)의 단어를 외워."

민지는 영어 교과서를 자주 읽으면서 단어 뜻이 궁금해졌고, 자연스럽게 단어를 확인하며 외우게 되었다. 만약 처음부터 단어와 문법을 외우게 하고 문제를 풀게 했으면 민지는 영어의 어려움에서 벗어나기 힘들었을 것이다. 민지는 매일 정해진 분량을 반복적으로 공부하며 영어에 대한 자신감을 회복하고 있었다.

중하위권 학생들은 학습의 상태가 총체적으로 부실한 경우가 대부분이다. 많이 뒤처진 상태라 부족한 부분을 보충하는 데도 상당한 시간이 필요하고, 공부 습관이 형성되지 않아 막상 책상 앞에 앉으면 힘들어하는 이중고에 시달린다. 그들의 그런 입장을 부모들이 충분히 이해하여 현실적인 노력을 함께하여야 한다.

이렇게 공부하던 민지가 두 달이 지날 때쯤 한 가지 고백을 하였다.

"근데 자꾸 쓰다 보니까 조금씩 외워지는 것 같아요."

"그래? 그럼 우리 교과서를 조금만 외워 볼까?"

"예? 교과서를 어떻게 외워요?"

"겁낼 것 없어. 지금 다 외우는 게 아니고 조금씩 나눠서 하면 돼. 오늘은 일단 3문장만 외워 볼까? 먼저 첫 번째 문장을 외우고, 그다음에 두 번째 문장을 외우고, 그다음엔 첫 번째, 두 번째 문장을 한꺼번에 외우고, 마지막으로 세 번째 문장을 외우고 나서, 첫 번째 문장부터 세 번째 문장까지 외우면 돼."

"알겠어요. 한번 해 볼게요."

그동안 반복해서 읽고 쓴 덕택에 암기는 별로 어려워하지 않았다. 민지는 스스로 성취감을 느끼며 학습 동기가 많이 향상되었고, 점점 자신감을 갖고 공부에 임할 수 있었다.

학습코칭 포인트

1. 배움에 흥미를 잃고 교과서나 비문학 책 읽기에 어려움을 겪는 학생들에게는 적절한 읽기 코칭이 필요하다.
2. 교과서 천천히 읽기 연습을 통해 공부 방법을 익히고, 학습 습관을 정착할 수 있다.

07

게임의 규칙

북경에서 학습코칭 강의가 있던 날, 대기업에 다니는 한 분이 자녀 문제로 상담을 요청하였다. 초등학교에 다니는 아들이 책 읽는 것을 좋아하기는 하는데, 너무 건성으로 읽어 걱정이라고 하였다. 천천히 읽으라고 해도 후다닥 읽는 바람에 내용도 잘 이해하지 못하는 것 같고, 그런 습관 때문에 시험 때도 실수를 많이 한다는 것이었다. 그러다 보니 생각도 깊지 않은 것 같다고 하소연을 해 왔다. 바쁜 일정이었지만 시간을 내어 아이를 한번 만나보기로 하였다. 아이의 이름은 하우티엔이고 초등학교 4학년이다.

먼저 아이의 상태를 파악하기 위해 간단한 설문을 하였다.

〈하우티엔 설문 내용〉

1. 좋아하는 과목은? 체육, 미술, 영어, 과학
2. 장래 희망은? 수영 선수
3. 재미있게 읽은 책은? 개구쟁이 아이 일기
4. 내가 이루고 싶은 소원은?
   수영 선수가 되고 싶다. 100점을 맞고 싶다. 책을 많이 가졌으면 좋겠다.
5. 내가 가장 행복할 때는? 친구랑 놀 때
6. 내가 가장 아끼는 것은? 책
7. 나는 공부가? 재미있다.
8. 내가 화날 때는? 100점을 맞지 못했을 때
9. 내가 동물로 변한다면? 여우
   그 이유는? 똑똑해서
10. 내가 가장 만나고 싶은 사람은? 삼촌

설문 내용을 보니 학습에 대한 의욕이 높고 독서를 좋아하는 것으로 보아, 태도와 습관을 잘 지도하면 좋은 결과가 나올 수 있을 거라 판단이 되었다. 북경에 체류하는 시간이 길지 않았기 때문에 설문지에 대해 간단하게 이야기부터 나누었다. 하우티엔은 과목마다 백점을 맞고 싶다고 이야기하였다.

"100점을 맞고 싶은데 그게 안 돼서 속상하겠구나."

"실수를 해서 문제를 잘못 이해하는 경우가 많아요."

"하우티엔, 그래서 내가 너한테 한국의 일부 학생들에게만 특별히 전수해 주고 있는 공부 방법을 알려 주려고 해. 정말 숨겨진 비법 중의 비법인데, 한번 배우고 싶지 않니?"

"비법이요? 네, 배우고 싶어요."

하우티엔은 눈을 동그랗게 뜨며 대답하였다.

"하우티엔, 만약 네가 이 방법을 전수 받으면, 너는 중국에서 두 번째로 이 방법을 전수 받게 되는 거야."

"네, 정말요? 어서 시작해요. 근데 첫 번째로 전수 받은 사람은 누구예요?"

"첫 번째로 전수 받은 사람은 네 친구 쑈민. 걔는 벌써 전수 받았어."

나는 웃으면서 이야기하였다.

친구가 벌써 전수 받았다는 말에 자극을 받았는지 더 간절하게 빨리 시작하자고 애원하였다. 나는 진지한 표정으로 하우티엔 앞으로 바짝 다가앉았다. 그리고 목소리를 살짝 낮추고 아이의 눈을 쳐다보며 비밀스럽게 말을 하였다.

"하우티엔, 이건 말이야······ 천천히 읽는 게 핵심이야. 천, 천, 히. 알겠어?"

"네." 하우티엔은 고개를 끄덕이며 대답하였다.

"어떻게 읽는 거라구?" 나는 다시 물었다.

"천, 천, 히, 요." 또박또박 대답하였다.

"그래, 잘 알고 있구나. 그럼 이제 책을 한번 읽어 볼까? 교과서를 한번 천천히 읽어 보자. 평소에 읽는 속도보다 조금 천천히 말이야. 읽을 때 '무슨 내용일까?', '잘 이해해야지.' 하는 마음으로 읽는 거야.

자, 내가 시간을 재 볼게. 내가 '시작'이라고 하면 교과서를 읽는 거야, 알겠지?"

나는 교과서의 읽을 분량을 정한 다음에 '시작'과 함께 읽으라고 하였다. 하우티엔은 천천히 책을 읽기 시작하였다. 나는 중간에 "천천히 읽고 있지?", "천천히 잘 읽네."라고 이야기해 주었다. 이윽고 다 읽고 나자 하우티엔은 내게 물었다.

"시간이 얼마나 걸렸어요?"

내가 시간 재는 것을 보더니 시간이 궁금했던 모양이다.

"응, 2분 30초야."

"잘한 건가요?"

"응, 이 정도면 웬만한 학생보다는 잘한 거야. 역시 나는 운이 좋아. 좋은 학생을 만난 것 같아."

나는 하우티엔을 칭찬하며 동기를 자극하였다.

"자, 하우티엔. 방금 읽은 거는 다 이해하였니?"

"아뇨, 아직 다 이해 못 했는데요."

"그래, 공부를 잘하는 학생도 한 번 읽고 다 아는 사람은 없지. 그래서 한 번 더 읽어야 되는 거야. 이번에는 아까 기록을 깰 수 있겠어?"

"네, 깰 수 있어요." 아이는 승부욕이 발동되는 것 같았다.

"그래? 그럼, 어느 정도 시간이 걸릴 것 같아?"

"한, 2분 10초요." 각오를 단단히 한 눈빛이었다.

"그래? 그러면 지는 거야."

"네? 왜요?"

"게임의 규칙이 뭐였지?"

그제야 알았다는 표정으로 대답하였다. "천, 천, 히, 요."

"그렇지. 그럼, 어떻게 해야지?"

"아, 알았어요. 3분을 넘겨 볼게요."

"좋아, 한번 해 보자. 그런데 이번에는 펜으로 중요한 곳에 밑줄을 그으면서 읽어 보자. 네가 쓰고 싶은 펜을 직접 골라 보렴."

아이는 자기가 원하는 색깔의 펜을 골랐다.

"자, 그럼. 두 번째 도전이야. 시작~"

아이는 이번에도 천천히 읽으려고 애쓰면서 책을 읽어 나갔다. 다 읽고 나자 다시 물었다.

"시간이 얼마나 걸렸어요?"

"응, 3분 10초야. 아까보다 많이 좋아졌는걸. 집중을 아주 잘했어. 천천히 잘 읽는구나."

아이는 게임이 아주 재미있는 눈치였다. 사실 이것은 게임이 아니었는데도 아이는 게임처럼 즐기고 있었다.

"자, 두 번 읽으니 어때? 완전히 이해가 됐어?"

"아뇨. 아직도 이해 안 되는 게 있어요."

"그래? 다른 학생들도 그래. 이번에는 마지막으로 한 번만 더 천천히 읽어 보자. 이번에는 네가 선생님이 되어서 친구들을 가르친다는 생각으로 읽어 봐. 아이들에게 무엇을 가르칠까 생각하면서 읽으면 돼, 알겠지?"

"네, 알겠어요. 이번에도 천천히 읽어야죠?"라고 말하여 천천히 읽기 시작하였다. 이번에도 두 번째와 비슷하게 시간이 걸렸다.

"선생님이 되어서 읽으니까 어때?"

"뭘 가르칠까 생각하면서 읽으니까 되게 가르칠 게 많더라고요. 안 중요한 것도 가르쳐야 하잖아요?"라고 진지하게 말하였다.

"음, 역시. 새로운 것을 발견했군. 이제는 읽은 내용을 많이 이해했어?"

"네, 처음보다 훨씬 많이 이해되었어요."

"이제 그동안 읽은 것을 책 안 보고 노트에 적어 볼 수 있겠니?"라고 했더니 침착하게 노트에 잘 옮겨 적었다.

"그래, 잘 적었네. 그러면 오늘 읽은 것을 내게 설명해 볼래? 선생님 처럼 잘 설명해 봐."라고 했더니 하우티엔은 정말 열심히 설명하기 시작하였다.

"음, 열심히 설명해 줘서 고마워. 머리에 쏙쏙 들어오는데!"

칭찬을 한 후 하우티엔에게 물었다.

"하우티엔, 잘했어. 역시 너는 선생님의 중국 두 번째 제자답구나. 어때? 이 방법이 공부에 도움이 되는 것 같아?"

"네, 좋은 방법 같아요. 잘 이해되고 기억도 잘 나요."

"그럼, 내일 한 번 더 만나자. 내가 곧 한국으로 돌아가야 하니 그 전에 한 번 더 같이 연습해 보자."

다음 날 하우티엔은 어제와 같은 연습을 한 번 더 하고 집으로 돌아 갔다.

그로부터 한 달 뒤 나는 다시 북경에 갔다. 그때 하우티엔의 소식을 들을 수 있었다. 하우티엔은 집으로 돌아가자마자 천천히 읽기를 실천 했다고 한다. 엄마가 아무리 천천히 읽으라고 해도 듣지 않던 아이가 갑자기 천천히 읽는 모습을 보고 놀랐다고 한다. 하우티엔은 집에서 책을 천천히 읽으면서 엄마에게 이렇게 말했다고 한다.

> "엄마, 책은 천천히 읽는 거예요. 저는 이 방법을 중국에서 두 번째로 전수 받았어요."

학습코칭에서 가장 중요한 것은 학생의 동기를 충만하도록 끌어내 주는 것이다. 만약 내가 '한국에서 특별히 전수되는 비법'이라는 말과 '중국에서 두 번째로 전수하는 것'이라는 말, 그리고 '진지한 표정으로 나지막이 말하는 것'을 하지 않았다면, 하우티엔은 이 방법에 그리 흥미를 느끼지 못했을 것이다.

또한 읽을 때마다 '이해하면서 읽기', '중요한 내용에 밑줄 그으면서 읽기', '선생님이 되어서 가르칠 내용 생각하기' 등의 새로운 미션을 주지 않았다면, 역시 책을 읽으면서 '천천히' 읽을 동기를 유지하지 못했을 것이다.

한 단계가 끝날 때마다 "집중을 잘했다.", "천천히 잘 읽었다.", "점점 좋아지고 있다."는 칭찬과 격려를 하지 않았다면, 역시 중간에 포기하거나 집중력이 급속히 떨어졌을 것이다. 그래서 나는 계속해서 격려와 칭찬을 아끼지 않았고, 매번 다른 미션을 제공하고, 결정적으로 이것이 '게임'이라는 생각을 갖도록 하였다. 덕분에 하우티엔은 게임에서 이기기 위해 의도적으로 더 천천히 읽으려고 노력하였던 것이다.

그리고 두 번째 단계에서 중요한 부분에 밑줄을 긋는 데 하우티엔에게 원하는 색깔의 펜을 고르라고 하였었다. 굳이 그럴 필요까지는 없었지만 그렇게 한 이유는, 바로 자기가 펜을 선택함으로써 스스로 이 게임을 주도한다는 느낌을 주기 위해서였다. 공부하라는 일방적인 지시를 받은 아이들은 시간이 지날수록 무기력해지거나 반항하는 모습을 보이게 된다.

자기주도학습에서 중요한 것은 학생 스스로 주도한다는 '느낌'이다. 아이의 안에서는 자신의 일을 주도하고픈 마음이 샘물처럼 솟아오르는데, 부모나 교사가 의무적으로 시키거나 억지로 공부하라고 하면 주도성에 상처를 받게 된다. 그럼 아이들은 공부를 거부하게 될 것이다.

나는 하우티엔에게 교과서의 개념을 설명하거나, 잘 읽는 방법과 노트 필기법, 기억하는 법 등을 따로 가르쳐 주지 않았다. 다만 여러 번 읽을 수 있는 계기를 마련해 주었고, 칭찬과 격려를 해 주었을 뿐이다. 여러 번 반복하는 과정에서 하우티엔 스스로 공부 방법을 익히고 자신만의 방법을 찾게 된 것이다.

아이의 내부에 무한한 가능성과 배울 수 있는 충분한 지능이 이미 갖춰져 있기 때문에, 선생님이 개념 등에 대한 설명을 최소화하더라도 스스로 혹은 동료들과 함께 배울 수 있다.

나는 학습코칭을 하면서 가장 중요한 읽기 방법을 체계화할 필요를 느꼈다. 그래서 정리한 방법이 "3SR2E" 공부법이다. 이 방법으로 아이들을 지도해 본 결과 빠르고 정확한 효과가 있는 것을 확인할 수 있었다.

〈3SR2E 공부법〉

자기주도학습을 실천하는 최상의 학습법으로 모든 학생이 자기 수준에 맞게 진행할 수 있다. 읽기, 쓰기, 예습, 복습, 몰입, 피드백 등 공부의 중요 습관을 익힐 수 있다.

읽고 표현하기는 자기주도학습에서 가장 중요하다.
3SR2E는 3번 천천히 읽고(3SR), 2번 표현하기(2E)를 말한다.
각 회당 주어진 미션에 따라 천천히 읽기(Slow Reading)로 3회 읽고, 각 회당 읽은 시간을 기록한다. 읽은 다음 읽은 것을 표현하는 것(Expressing in writing and in speaking)이 중요하다. 1회는 노트에 쓰고 1회는 말로 설명한다(2번 표현).

3SR2E: 3번 천천히 읽고, 2번 표현하기
SR: Slow Reading
E: Expressing in writing and in speaking

3SR2E의 실천 방법은 다음과 같다.

구분	방법	읽은 시간	
1SR	내용을 이해(생각)하며 천천히 읽는다.	분	초
2SR	중요한 내용에 밑줄을 그으며 천천히 읽는다.	분	초
3SR	내일 선생님이 되어서 친구들을 가르친다고 생각하며 천천히 읽는다.	분	초
1E	읽은 내용을 최대한 기억해서 적는다. (writing)		
2E	읽고 기록한 내용을 다른 사람에게 설명해 본다. (speaking)		

• 각 회독에 주어지는 읽기 방법에 따라 읽는다.
• 핵심은 천천히 읽는 것이다.
• 모르는 낱말이 많으면 1SR 전에 낱말의 뜻을 찾아서 책에 적는다.
• 한 번 읽을 때마다 휴식 시간을 짧게 가진다.

- 한 번 읽을 때마다 읽은 시간을 재서 기록한다.
- 횟수가 늘어날 때마다 더 천천히 읽도록 노력한다.
- 다 읽고 나서는 책을 보지 않고 최대한 기억해서 읽은 내용을 노트에 적어 본다.
- 노트에 적은 내용을 부모님이나 선생님, 혹은 친구에게 설명해 본다.

08

3SR2E로
공부법을 익히다

고등학교에 다니는 학생의 엄마로부터 한 통의 전화가 걸려 왔다.

"선생님, 안녕하세요? 잘 지내시죠? 저 예전에 학습코칭 수업 들었던 김○○입니다."

"네, 안녕하세요. 잘 지내시죠?"

"제가 요즘 고민이 있어서 부탁 좀 드리려고요."

"네, 무엇을 도와드리면 될까요?"

"큰아이가 고등학교 1학년인데, 공부를 너무 안해서요. 학원도 그만두고 과외도 안하고 공부를 전혀 안 하고 있어요. 성적은 밑바닥이고요. 중학교 때까지는 하는 시늉이라도 했는데 이제는 그런 것도 볼 수가 없어요. 그렇다고 밖으로 나돌고 그러지는 않아요. 이제 1학년인데 너무 빨리 포기하는 것 같아 안타까워서요."

자초지종은 이랬다. 아이는 중학교 때까지 영·수 학원을 다녔다고 한다. 조금 거리가 있지만 유명한 학원이라서 잘 달래서 보냈다. 성적은 중간 정도 유지하였다. 그런데 고등학교에 진학하고부터 아이는 완강하게 학원을 거부하였다.

"저 이제 학원 안 다닐래요. 너무 힘들어요. 제가 알아서 할게요."

아이가 하도 강하게 이야기하자 엄마도 더는 말하지 못하였다. 그날부터 아이는 혼자서 공부하였다. 하지만 혼자서 공부를 해 본 적도 없고 방법도 몰랐던 아이는 점점 성적이 떨어지면서 무기력해져 갔다. 답답하고 안타까운 마음에 엄마는 다시 학원을 다니라고 하였지만, 아이는 그러고 싶지 않다고 하였다. 야속한 시간이 흘렀다. 1학기 여름방학이 지나고 신학기가 되어도 상황은 나아지지 않았다. 2학기 중간고사에는 성적이 더 떨어졌다. 더 이상 내버려뒀다가는 큰일날 것 같아서 상담을 신청한 것이다.

아이를 직접 만나 보았다. 아이는 자기도 공부를 잘하고 싶은데 생각대로 되지 않아서 지금은 자포자기한 상태라고 하였다. 엄마가 학원을 가라고 했는데 왜 거절했냐고 물으니, "학원에서 너무 사람을 몰아세우고 공부할 게 너무 많아서 엄두가 나지 않는다."고 하였다. 그래서 "지금이라도 늦지 않았으니 할 수 있는 만큼씩만 조금씩 해 보자."고 하였다. 다행히 아이는 동의를 하였고 학습코칭 수업은 그렇게 시작되었다.

1년 가까이 공부를 손에서 놓은 터라 상태는 심각했다. 아이도 공부를 해야 한다는 것은 알고 있었다. 그런데 무엇을 어떻게 해야 할지 감을 잡을 수 없다고 하였다. 복잡하게 생각하지 말고 우선 할 수 있는 과목부터 해 보자고 하였다.

"병철아, 일단 같이 공부해 보고 싶은 과목을 두 개만 골라 봐."

"영어하고 사회를 해 볼게요."

"좋아. 영어하고 사회를 골랐구나. 그런데 나하고 하는 방법은 다른 선생님들이 하시는 방법과 많이 달라. 우선 내가 너한테 설명하거나 가르치는 것은 없어. 대부분 병철이가 직접 해야 하는데 나는 방법이나 방향만 알려 줄 거야. 내가 열심히 설명한다고 병철이에게 공부가 되는 것은 아니잖아? 그리고 나는 교과 내용도 잘 몰라."

시작은 영어, 사회로 하였다. 이 두 과목도 성적은 매우 낮은 편이었다. 일단 학교 진도에 맞춰 영어와 사회 교재를 읽어 나갔다. 영어의 경우 모르는 단어가 너무 많아서 소리 내어 읽어 보라고 하면 읽을 수 없는 상황이었다. 우선 모르는 단어를 찾고 인터넷 사전을 통해서 발음을 정확하게 익히도록 하였다. 그런 다음 여러 번 반복해서 소리 내어 읽고, 읽을 때마다 횟수를 표시하였다. 하루에 3~5번 정도 읽어 나갔다. 10번 정도 지나자 '천천히 제대로 읽기(3SR2E)' 방식으로 읽었다. 한 페이지를 천천히 읽으면서 내용을 이해하고 모르는 단어를 확인하면서 읽어 나갔다. 걸린 시간은 3분 내외였다. 3SR2E(천천히 읽기)는 수업할 때 2번 정도 진행하였다. 읽기에 어느 정도 익숙해지자 모르는 단어를 외울 수 있도록 테스트를 하였다. 병철이가 모르는 단어도 많고 읽는 것도 익숙하지 않아서 느리게 진행하였다.

영어 교재를 천천히 읽기로 진행할 즈음에는 공부에 재미도 붙이게 되었다.

"천천히 읽으니까, 어때?"

"내용이 조금씩 이해되는 것 같아요."

"왜 먼저 소리 내어 읽고, 나중에 천천히 읽는지 알겠어?"

"네, 읽을 수 없으면 아무 의미가 없고 내용을 이해할 수도 없어서 그런 것 아닌가요?"

"브라보, 내용을 잘 이해했구나."

영어가 끝나면 10분 정도 사회책 읽기를 진행하였다. 학교 수업 시간에 따로 사용하는 요약 교재가 있었지만 교과서로 진행하였다. 교과서가 이해하기 쉽게 설명이 되어 있기 때문에 이러한 경우 되도록 교과서를 활용하는 게 좋다.

사회 교과서도 모르는 낱말은 인터넷 사전을 검색해서 뜻을 옮겨 적었다. 그런 다음 천천히 읽어 나갔다. 분량은 1~2 페이지로 정했는데, 읽는 데 2~3분 정도 걸렸다. 천천히 읽기를 3회 정도 진행하면 10분이 조금 더 걸렸다. 읽을 때마다 횟수와 시간을 기록하였다. 공부할 양과 내용의 난도가 높아서 사회는 5회 천천히 읽기가 목표였다.

공부를 잘하는 확실한 방법 중 하나는 조금이라도 매일 하는 것이다. 그래서 병철이에게도 매일 조금씩 해 볼 것을 권하였다. 그렇게 해 보겠다고 했지만 병철이는 실천하지 못하였다.

"병철아, 수업이 없는 날에도 조금씩 읽어 줘야 학교 진도를 맞출 수 있을 것 같은데, 혼자 읽는 게 힘드니?"

"제가 학교에서는 집에 가면 책을 읽어야지, 이렇게 마음을 먹는데요. 집에 오면 그 마음이 사라져요. 그래서 잘 안 되는 것 같아요. 죄송합니다."

"그래서 습관이 중요한 거지. 뭘 하든 오랫동안 하면 자연스레 습관이 되는 법이니까, 우선 나랑 하는 수업 시간이라도 집중해 보자."

나는 병철이가 집에서는 공부하기가 힘들다는 판단에 수업 방식을 변경하였다. 영어와 사회를 복습 위주에서 예습을 하는 것으로 바꾸었다. 병철이에게 수업할 내용을 미리 천천히 여러 번 읽고 가도록 하였다. 미리 읽어 가면 학교 수업 시간에 집중할 수 있고, 그렇게 되면 저절로 누적 학습량이 늘어나고, 집에 와서도 공부를 할 수 있게 될 거라고 기대하였다. 예습으로 바꾸고 나서 학교 수업이 어떤지 물었다.

"미리 읽어 가는 식으로 할 때 학교 수업 집중도 등에서 차이 나는 게 있어?"

"확실히 집중이 잘돼요. 이해도 잘되고. 다른 과목은 집중도가 떨어지는 게 느껴져요."

병철이는 공부의 방법과 원리를 조금씩 깨우치고 있었다. 그러면서 기말 시험이 다가왔다. 병철이는 긴장한 모습이 역력하였다.

"시험 다가오니까 긴장되니?"

"네, 조금요. 예전에는 더 심했어요. 지금은 덜한 거예요. 그래도 이번에는 조금이라도 공부를 하고 있으니까 덜 걱정돼요."

"음, 그렇구나. 혹시 다른 걱정은 없고?"

"아, 사실은 선생님하고 같이 안 한 과목 때문에 걱정이에요. 수학이나 과학 과목이요. 어떻게 하면 좋을까요?"

"지금 우리가 다른 과목을 병행하면 아마 한 과목도 성공을 못 하게 될 거야. 속이 쓰리지만 일단 이번에는 자신 있는 과목에 전력을 쏟아 보자. 그리고 수학은 시험 끝나고 해 보는 게 어떨까?"

"네, 알겠습니다. 그럼 국어, 과학을 좀 더 해 볼게요."

병철이는 학습량과 난이도를 올려서 수업을 진행하였고, 적극적으로 임하였다. 그리고 시험을 치렀다. 시험이 끝나고 병철이를 만났는데 책상 위에 시험지를 올려놓고 기다리고 있었다. 처음에는 절대 성적을 알려 주지 않는데, 이번에는 시험지를 보여 주면서 결과를 이야기하였다. 그만큼 시험 결과에도 만족해하였다.

"열심히 노력했는데 결과가 잘 나와서 다행이다. 나도 이렇게 좋은데 너는 얼마나 좋을까?"

"네, 저도 기분 좋아요."

"공부 포기하려다 다시 마음먹고 했는데, 해 보니까 어때?"

"안 될 줄 알았는데, 그래도 하니까 되긴 되네요."

"그럼, 앞으로 어떻게 공부를 하면 좋을까?"

"이제 수학을 했으면 좋겠어요."

"그래, 이제 수학을 해야겠지."

"다른 과목도 방학 때 미리 공부를 좀 해야겠어요."

"오우, 브라보! 이제 공부의 원리를 많이 깨우쳤구나."

병철이는 너무 어려운 내용을 많이 공부한 것이 화근이 되어 공부에서 멀어졌다. 하지만 천천히 읽기를 통해 흥미와 재미를 붙이면서 조금씩 습관을 고쳐 나간 덕에 스스로 공부하는 힘을 기를 수 있었다.

학습코칭 포인트

1. 과도한 학습은 학습 동기를 떨어뜨린다.
2. 미리 읽기는 수업의 집중도를 올려 준다.

09

명백한 증거

학습 상담을 하다 보면 많은 학생들에게 당면한 문제가 '읽기'임을 알 수 있다. '읽기' 능력의 부족으로 인해 공부를 하고 싶은데도 결국에는 포기하고 마는 학생들이 부지기수이다. 부모들은 아이가 학습 동기가 없고 공부 방법을 몰라 공부를 못 하는 것 같다고 많이 이야기한다. 물론 틀린 이야기는 아니다. 하지만 그 바탕에는 다른 문제가 도사리고 있다.

아이들은 누구나 학년이 올라갈수록 공부를 잘해야겠다는 생각을 한다. 그런데 기초 학습 능력, 즉 읽기 능력이 부족한 학생은 금세 난관에 봉착하고 만다. 어떤 수업 내용도 집중해서 들을 수 없고, 어떤 교과서도 쉽게 읽어 낼 수 없어서 답답해하다가 나중에는 스스로 포기하고 만다.

그러면서 어디에 좋은 공부 방법들이 있지 않을까 하며 찾기도 한다.

어떤 학생은 다른 사람에 비해 자신이 암기를 잘하지 못해서 머리가 나쁜 게 아닌가 하고 자책하기도 한다. 공부법에서 여러 가지 암기법을 가르치기도 하는데, 나는 코칭을 하면서 특별히 암기법을 가르치지는 않는다. 텍스트를 여러 번 읽으면 자연히 이해가 되고, 그것을 되새겨 보면 자연스럽게 암기가 되기 때문이다. 그리고 그 정도가 되면 스스로 자신에게 맞는 암기 방법을 찾게 되기도 한다. 코치는 어떤 식으로 외웠는지 물어봐 주기만 하면 되는 것이다.

그래서 내가 학습코칭을 강의할 때면 가장 강조하는 것이 '읽기'이다. 읽기 코칭은 학습코칭의 거의 모든 것이라 해도 과언이 아니다. 사실 '읽기'만 잘 지도하면 학습코칭에서 특별히 할 것도 많지 않다. 요즘 아이들이 공부에 지치고 거부감을 느끼는 것은 너무 많이 가르치고, 너무 많은 방법을 알려 주기 때문이다.

'읽기' 하나만 가지고도 얼마든지 공부를 잘하게 할 수 있는데, 또 다른 비법이 있겠지 하면서 찾는 것을 볼 때면 답답함을 느낀다. 공부의 핵심인 예습·복습도 읽기의 연장선이다. 학교 수업 전에 읽으면 예습이요, 수업 후에 읽으면 복습인 것이다.

아이들에게 공부를 지도할 때는 단순하게 해야 한다. '3SR2E' 활동은 가장 단순하면서도 정확하게 공부 방법을 익히게 한다.

읽기와 쓰기는 함께

읽기와 쓰기는 함께 붙어야 하는 활동이다. 생각을 글로 쓰게 되면 애매하고 추상적이며 확실하지 않은 것들이 구체적으로 명백해지고 정교해진다. 쓰기가 사고를 돕는다는 명백한 증거는 많다. 책을 읽기만 하고 쓰지 않은 활동보다, 글을 쓴 활동의 학업 성적이 더 나은 경우가 많았다.

아동 심리학자 제임스 카우프만(Kaufman)은 노트 정리를 체계적으로 한 집단과 그렇지 않은 집단을 비교하였는데, 노트 정리를 체계적으로 한 집단의 학업 성취도가 더 높았으며, 자기 효능감의 향상에도 큰 영향을 미친다는 사실을 밝혔다(2001).

실제로 쓰기는 국어나 사회 과목뿐만 아니라 영어나 수학에서도 학업 성취도와 학습 동기를 높여 주는 중요한 역할을 한다.

"선생님, 수학 문제가 도대체 무슨 말인지 모르겠어요."

반에서 꼴찌를 다투던 중학교 1학년 영만이가 있었다. 영만이는 바둑을 굉장히 좋아하는 학생인데, 초등학교 때까지 바둑 학원만 열심히 다닌 결과 학교 성적은 저조한 편이었다.

그러다 막상 중학교에 올라가서 자신의 성적을 확인하고는 스스로 바둑 학원을 그만두고, 성적을 올리기 위해 다른 학원에 다니게 되었다. 하지만 워낙 기초가 약한 탓에 학원을 다니면서 너무 힘들다고 엄마에게 고통을 호소하였다. 그리하여 나에게 도움을 요청하였고, 함께 수업을 진행하게 되었다.

영만이는 잘하는 과목이 없었다. 그래서 가장 자신 있는 과목부터 해 보자고 하였다. 그랬더니 영만이가 자기는 수학이 재미있으니까 수학부터 하자고 제안을 하였다. 의외의 제안이기는 했지만 나는 영만이가 하자는 대로 수학부터 해 보기로 하였다.

첫날부터 수업은 벽에 부딪혔다. 영만이가 그날 수업 시간에 배운 내용을 복습하고 문제를 풀겠다고 해서 그렇게 하라고 하였더니, 문제를 풀기 시작한 지 오래지 않아 괴로운 표정으로 문제집을 바라보고 있었다.

그래서 "왜, 무슨 어려운 점이라도 있니?"라고 물었다.

"네, 선생님. 도대체 문제가 무슨 말인지 모르겠어요."

표정을 보니 정말 답답해 죽을 것 같다는 인상이었다.

"그래, 뭐가 문제인지 좀 볼까?"

문제는 간단한 수식으로 이루어져 있었지만 기호가 많이 들어가 있었고, 문제 각각의 보기에도 기호가 가득 차 있어 영만이가 문제를 어려워하는 것 같았다.

"영만아, 지금 문제에서 무엇을 묻고 있는지 나한테 설명해 줄래?"

"그러니까요, 선생님. 제가 그걸 모르겠어요."

자신의 가슴을 치면서 곧 울음이 터질 것 같은 영만이를 먼저 달래 주었다.

"오케이, 자 천천히 생각해 보자. 일단 문제가 있는 부분의 앞장으로 가면 거기 기본 개념이 있지? 네가 그게 아직 이해가 덜 되어서 그런 거야. 먼저 그 부분을 천천히 읽고, 이해를 한 다음에 문제를 풀면 어렵지 않게 풀 수 있을 거야. 개념 정리로 가 보자."

영만이는 일단 개념 정리로 갔다. 그러더니 "그냥 읽어요?"라고 물었다.

"응, 당연히 읽어야지. 그런데 읽는 데도 방법이 있어. 일단 천천히 읽어야 해. 그리고 읽은 다음에는 그게 무슨 뜻인지 자신에게 설명을 해 봐. 그런 다음에 노트에 개념을 적어 보는 거야. 자, 시작해 볼까?"

영만이는 천천히 읽기 시작하였고, 입으로 중얼거리면서 설명을 한 다음, 노트에 개념을 적었다. 그런데 적은 내용이 책의 내용과 비교해서 빈약하였다. 그래서 "책에 있는 내용과 네가 적은 내용을 비교해 볼까? 부족한 부분이 왜 생겼는지 생각해 봐."라고 하였다.

그랬더니 "선생님, 한 번 더 해 볼게요."라고 한다.

"그래, 한 번 더 읽고 써 보면 훨씬 이해가 잘 될 거야."라고 격려를 해 주니 더 열심히 책을 읽는다. 그렇게 다시 읽고 나서 쓰기를 하니 훨씬 더 잘 정리를 하였다.

"그럼, 이제 아까 그 문제를 풀어 볼까?" 했더니,

'아, 알겠다.' 하는 표정으로 문제를 잘 풀어 냈다.

"자, 아까는 이 문제가 정말 어려웠는데 지금은 어떻게 해서 쉽게 풀게 되었지?"

"아까는 개념이 이해가 안 된 상태에서 문제를 푸니까 무슨 말인지 몰라서 어려웠고요. 나중에는 천천히 개념을 읽고 써 보고 하니까 이해가 잘 되어서, 문제가 무슨 뜻인지 알게 되었어요."

"그래, 그런데 왜 문제부터 풀었지?"

"수학은 문제를 많이 풀어야 잘할 수 있다고 해서요. 문제를 많이 풀려고 했는데, 쉽지 않네요."

"그럼, 이제 앞으로는 어떤 방법으로 수학을 공부할 거지?"

"네, 우선 책을 읽고 읽은 내용을 노트에 정리해서 확실히 이해한 다음, 문제를 풀어야겠어요."

"음, 좋은 생각이야. 수학을 잘하기 위해서 문제를 많이 풀어 봐야 한다는 말이 틀린 말은 아니야. 하지만 먼저 충분히 교과서의 개념을 읽고, 이해한 다음에 해야겠지? 오늘 중요한 사실을 하나 알게 되었구나."

그다음부터 영만이는 교과서의 개념을 먼저 이해하기 위해 여러 번 읽고, 노트에 정리한 후에 문제를 풀게 되었다.

실제로 〈개념정리 노트를 활용한 쓰기 활동 수업이 고등학생의 학업 성취도와 수학적 태도 및 성향에 미치는 효과(김은희, 2012)〉와 〈수학 노트를 활용한 쓰기 활동이 수학 학습에 미치는 효과(안지민, 2012)〉라는 논문을 보면, 수학 학습에서 '쓰기' 활동이 학생들의 학습 동기와 학업성취도에 긍정적인 영향을 미치게 됨을 알 수 있다.

따라서 학교 수학 수업 시간에 문제 푸는 시간만 가질 것이 아니라 '쓰기 활동' 시간을 갖는다면, 수업에 대한 참여도가 더 높아지게 될 것이다. 더불어 다른 과목 시간에서도 수업을 조금 일찍 끝내고 학생들에게 정리할 수 있는 시간을 준다면, 학업 성취도가 더 많이 오를 것이다.

　지방에서 학습코칭 지도사 과정을 마치고 그 기억이 사라져 갈 즈음한 통의 메일을 받았다. 그분은 학원을 운영하고 있었는데 학습코칭 과정에서 배운 내용을 아이들에게 적용하고 효과를 보았다며 소식을 알려 왔다. 내용 일부를 공유하면 다음과 같다.

　　선생님, 잘 지내고 계시죠?
　　선생님께 '학습코칭 지도사' 과정을 배우고 학생들을 지도한 지도 여러 해가 되었네요. 학생들을 지도하던 중 '조금 더 아이들이 스스로 익힐 수 있는 학습 방법이 없을까?' 고민하던 중 광고에 나오는 선생님의 학습코칭 교재를 보게 되었죠.
　　혹시나 하는 마음에 교재를 구입하게 되었고 정말 좋은 교재라는 것을 아이들에게 적용시켜 본 결과 알게 되었습니다.
　　그래서 선생님께 직접 교육을 받고 싶어 연락 드렸었죠.
　　선생님께 직접 교육을 받아 보니 더 확실한 교육법을 알게 되었습니다.
　　학생들에게 '정형권의 학습코칭' 교육 방법(특히 읽기 지도 방법)을 적용한 결과 3개월도 채 되지 않아 평균 점수가 적게는 8점에서, 많게는 30점까지 상승하는 것을 체험하였습니다.
　　가르치는 저 자신도 깜짝 놀랐지만, 배우는 학생들과 학부모님께서 정말 기뻐하는 모습을 보면서 가르치는 보람을 느끼게 되었습니다.

누군가 강요해서 가르치는 교육 방법보다는 스스로 할 수 있는 교육 방법을 알려 준다면, 학생들은 즐겁고 행복하게 공부하면서 더불어 성적 향상이 자연스럽게 이루어지지 않나 싶습니다.

공부하는 학생이나 일반인에게 동기 부여가 얼마나 중요한지 직접 체험하지 않은 사람은 모를 것입니다. 저 또한 선생님의 "잘 할 수 있다."라는 동기 부여와 "자신감을 가지고 책을 써 보라."는 권유로 책을 출판하게 되었습니다.

제 교재 마무리 단계에 선생님의 동기 부여 말씀을 넣은 것도 이 과정이 정말 중요하다는 것을 알기 때문입니다. 여러 가지로 도움 주시고 좋은 교육 방법을 알려 주신 선생님께 진심으로 다시 한번 감사드립니다.

제5장

학습의 기술

01

메타인지와
표현하는 공부

학생들의 공부 시간 중 가장 많은 비중을 차지하는 것은 수업 시간이다. 따라서 수업을 어떻게 활용하느냐는 매우 중요하며, 공부의 효율도를 좌우한다.

일반적인 강의식 수업에서 아이들은 수동적으로 앉아서 듣기에 열중한다. 그런데 이러한 방식의 수업은 학습 효과가 낮은 방법으로 알려져 있다. 학생들이 능동적으로 참여하는 방식으로 진행되는 수업에서 아이들은 훨씬 더 잘 이해하고 기억한다.

학생들의 능동적인 참여를 끌어내는 수업 방식의 확대는 이러한 사정을 반영한 것이다. 하지만 아직도 많은 교실에서는 강의식 위주 수업이 진행되고 있다. 그렇게 진행되는 수업에서 대부분의 학생들은 영화

관람을 하듯이 편한 자세로 수업을 들으며 자신의 뇌를 최대한 가동하지는 않는다. 수업 시간에 배운 것을 자기 것으로 만들기 위해서는 강의를 열심히 듣는 것만으로 충분하지 않다. 학생들이 직접 참여하는 방식의 다른 무엇이 더 필요하다.

강의만으로 이루어진 수업에서 학생들은 수업이 끝나고 나서 무엇을 배웠는지 말해 보라고 하면 제대로 못 하는 경우가 많다. 따라서 강의식 수업이나 동영상 강의를 듣고 난 후에, 반드시 강의 내용을 다양한 방식으로 '표현하는 공부'를 해야 한다.

수업 집중과 기억

중학생 은석이는 나름대로 공부를 열심히 하긴 하는데 성적이 별로여서 고민이 많다. 그러다 보니 공부 의욕도 많이 떨어진 상태이다. 그런 은석이에게 이렇게 물었다.

"우등생들에게 공부를 잘하려면 무엇을 해야 하느냐고 물었더니 뭐라고 답했는지 아니? 이거, 이거, 이거를 잘해야 한다고 하던데?"

"에이, 저도 알아요. 예습, 복습, 수업에 집중. 맞죠?"

은석이는 자기도 그런 것은 안다는 듯이 의기양양하게 답하였다.

"그럼, 수업 시간에 집중했겠네?"

"당연하죠. 아주 집중을 했지요."

마치 수업 시간에 다시 돌아온 듯 인상을 쓰면서 대답하였다.

"오, 정말 수업 시간에 집중했나 보네. 그럼, 오늘 수업 시간에 공부한 거 간단하게 적어 볼 수 있을까? 집중을 했으니 기억이 날 거야."

은석이는 그렇게 하겠다고 하면서 펜을 들었다. 그런데 막상 쓰려니 잘 생각이 나지 않는 모양이다.

"아, 그런데 잘 기억이 안 나는데요? 이상하네. 진짜 생각이 안 나요."

왜 그런지 알 수 없어서 괴로운 표정을 지으며 고개를 갸웃거린다.

"그래? 그렇다면 우선 시간표부터 적어 볼까? 1교시에 무슨 과목이었지?"

"아…… 그것도 생각이 잘 안 나는데요. 신기하네……."

한참 만에 기억이 났는지 겨우 답한다.

"도덕, 도덕이었어요."

"그래, 그럼 그 시간에 무엇을 배웠지?"

"정말 모르겠어요. 생각이 안 나요."

"뭐, 기억나는 단어도 없니?"

"음…… 없어요."

"그러면 선생님 옷 색깔이나 헤어 스타일 등 뭐 특이한 거 없었어?"

"아, 검정색 옷을 입고 오셨어요."

"오, 그래? 그럼 그걸 적으면 되겠네."

"예? 그건 공부하고 상관없는데 그런 것도 적어요?"

"상관은 별로 없지만 전혀 없다고 할 수도 없지. 그런 게 연결돼서 공부한 내용이 생각나고 기억에 도움을 주니까. 우리가 공부할 때는 학습 내용만 기억되는 게 아니라, 그 시간에 일어난 일들이나 특이한 경험,

선생님의 음색, 그때 맡았던 어떤 냄새 등도 같이 머리에 저장되는 거거든. 선생님의 옷도 그런 의미에서 기억에 도움을 주지. 앞으로는 수업에 있었던 갖가지 것들을 기억해 보도록 해."

그러고 나서 은석이는 앞으로 수업이 끝나고 그날 배운 내용을 기억해서 적어 보거나 말로 표현해 보기로 하였다. 코칭 시간에도 나는 은석이에게 수업 내용을 떠올리게 하고, 그 내용을 적어 보거나 말해 보게 하였다. 횟수가 늘어날수록 은석이는 더 많은 것을 적거나 말할 수 있었다. 그럴수록 은석이는 수업에 더 집중할 수 있었다.

메타인지 능력을 향상하는 말하기 공부법

최상위권 학생들이 같은 시간을 공부하더라도 다른 학생들에 비해 학업 성취도가 높은 이유는 메타인지 능력이 발달해 있기 때문이다. 메타인지란 '아는 것과 모르는 것을 판단하고 구분하는 것'을 말한다. 공부를 잘하는 학생과 그렇지 못한 학생은 기억력 자체에는 큰 차이가 없지만, 메타인지 능력은 차이가 많이 난다. 메타인지 능력이 발달한 학생은 자신이 아는 것과 모르는 것을 정확히 구분할 줄 안다. 모르는 것을 정확히 알기 때문에 모르는 것에 집중할 수 있고, 결국 그것을 알고 이해하게 된다.

말하기 공부법은 끊임없이 뇌를 자극하고 활성화해 사고력을 확장하므로, 메타인지 능력을 향상하는 좋은 방법이다. 어떤 것을 말로 설명해 보면, 내가 알고 있는 것과 안다고 착각하고 있는 것이 명확하게 구분된다. '설명'은 내가 이야기하고자 하는 부분에 대한 본질적인 이해를 요구한다. 알고 있는 것은 말하는 과정에서 더욱 체계적으로 머릿속에 각인되어 기억에 오래 남고, 잘 모르는 것이나 오개념은 보완 학습을 통해 바로잡을 수 있게 된다.

만약 주변에 설명하거나 말할 사람이 없다면 자기 자신이나 인형에게 설명해 보면 된다. 교과서를 읽을 때도 그냥 읽기만 할 것이 아니라, 글로 정리해 써 보고 말해 보는 습관을 갖는 것이 좋다.

아이가 엄마를 가르쳐요

지방에 사는 초등 4학년 혜경이 엄마가 상담을 요청해 왔다. "아이가 집중력이 떨어지고 산만한 것 같은데 어떻게 하면 좋겠느냐?"는 것이었다. 학교 선생님과 상담한 적이 있었는데, 혜경이를 "산만하고 공부 속도가 조금 느리다."고 평하여서 엄마는 무척 속이 상해 있었다.

내가 만나 본 혜경이는 차분하고 조용한 편이었다. "공부는 재미있어?"라는 물음에 다소 애매모호한 대답을 하였지만, 아직 공부에 흥미를 잃은 것은 아닌 것 같았다.

엄마는 혜경이를 독서논술과 한자(漢字), 그리고 영어 학원에 보내고 있었다. 나름대로 뚜렷한 교육관을 가진 엄마는 아이에게 독서와 한자를 잘 가르쳐서 기초를 탄탄하게 해 주고 싶다고 하였다.

혜경이가 제일 힘들어하는 과목은 수학이다. 혜경이는 수학 학원의 진도를 따라가는 게 힘들어서 집에서 문제집을 풀면서 수학을 공부하고 있었다. 엄마가 혜경이가 공부하고 있는 수학 문제집을 보여 주었다. 개념 이해 위주의 쉬운 문제집과 난도가 높은 어려운 문제 중심의 문제집 두 권을 풀고 있었다.

혜경이가 수학 문제를 잘 이해 못할 때는 어떻게 하느냐고 했더니, 엄마가 열심히 설명해서 이해시킨다고 하였다. 그럼 이해를 잘 하느냐고 물으니, 이해를 못하고 집중을 안 하는 것 같아서 화가 난다고 하였다. 점점 수학을 어려워하고 회피하려 해서 걱정이라고 하였다.

그런데 혜경이는 영어는 재미있어 하고 학원에서 보는 시험 성적도 거의 만점을 받고 있다고 하였다. 영어는 어떤 식으로 가르쳐 주느냐고 물었다. 초등학생인데도 수준이 높고 본인도 영어는 잘 몰라서 혜경이가 공부한 내용을 엄마가 주로 묻고 혜경이가 설명하는 방식으로 하는데, 아이가 아주 재미있어 한다고 하였다. 단어나 문장 표현을 설명하는데 묻지도 않은 것까지 열심히 설명한다고 한다. 이때는 아이가 선생님이고 엄마가 학생이 된다고 하였다.

바로 여기에 해답이 있었다. 만약 수학도 영어처럼 공부했다면 혜경이의 성적도 오르고 학습의 흥미도 향상되었을 것이다. 수학은 내가 좀 아니까 열심히 설명해서 이해시키겠다는 부모의 욕심이 아이의 학습 동기를 떨어뜨린 것이다. 아이 주도가 아닌 부모 주도가 되는 순간, 아이의 학습 동기는 떨어진다. 더구나 부모가 가르치고 아이가 듣는 수동적 방식은 집중력을 떨어뜨리고 생각하기를 멈추게 한다. 따라서 기회만 있으면 아이가 공부한 내용을 설명하고 표현할 수 있도록 기회를 제공하자.

이제부터는 수학도 혜경이가 설명하고 엄마가 듣는 방식으로 바꿔 보라고 하였다. 엄마는 알아도 모르는 척 열심히 듣고 생각하는 모습을 보이고, 혜경이가 잘 대답할 수 있는 것을 질문하라고 하였다.

다행히 혜경이 엄마는 자신의 잘못을 깨닫고 다른 과목도 영어처럼 아이가 가르치고 자신은 학생처럼 듣는 방식으로 바꾸었다.

학습코칭 포인트

1. 배운 내용을 글이나 말로 자꾸 표현해 보면, 그 과정에서 이해와 기억도 잘된다.
2. 말하기 공부법은 끊임없이 뇌를 자극하고 활성화해 메타인지 능력을 향상 시킨다.

02

출력 공부와
천천히 읽기

한 인문계 고등학교에서 2학년을 대상으로 학습코칭 프로그램을 진행할 때의 일이다. 일주일간 매일 2시간씩 자기주도학습 습관을 만들기 위해 학생들의 지원을 받아 특별반을 구성하였다. 이 학생들은 본인의 학습 방법에 문제가 있다고 생각하고 자발적으로 프로그램에 참가하였다. 대부분 중위권 학생들이었는데, 고등학교 2학년 여름이었기 때문에 다들 학습에 대해 적극적인 모습이었다. 한마디로 학습 동기는 충만하였다고 할 수 있었다.

하지만 아무리 열심히 해도 성적이 오르지 않고, 공부 재미도 느낄 수 없어서 답답하다고 하였다. 이 상태가 오래 지속되면 공부를 포기하는 아이들이 생겨난다. 수업에 참여한 아이들을 바라보며 나는 물었다.

"여러분, 좀 전에 수업 끝났죠?"

"네, 오늘 수업은 다 끝났어요."

"오늘 수업 시간에는 집중을 잘 하셨나요?"

"네, 열심히 들었어요."

"그렇군요. 그렇게 집중을 잘했으면 기억도 잘 하겠네요."

"……"

"연습장 한 권 꺼내 보세요. 그리고 지금 수업 직전에 수업한 2개 과목의 기억나는 내용을 최대한 적어 보세요."

학생들은 노트를 펴고 수업 내용을 적기 위해 생각에 잠겼다. 그런데 대다수는 한 줄도 적지 못하고 낑낑댔다. 많이 적는 학생도 몇 줄을 넘기지 못하였다. 그리고 노트를 멍하니 쳐다보며 그냥 앉아 있는 학생들도 있었다.

"자, 여러분. 생각이 잘 안 날 수도 있는데 포기하지 말고 열심히 생각해 보세요. 좀 더 시간이 지나면 생각이 날 거에요. 문장이 아닌 단어로 적어도 무방합니다. 최대한 생각나는 것을 많이 적어 보세요. 순서도 상관없습니다."

일부 학생은 몇 줄을 적었지만, 그 외 학생들은 더 이상 진전이 없었다.

"자, 이제 그만 됐습니다. 많이 힘든가요?"

"네, 힘들어요."

"잘 생각이 안 나요."

"머리 아파요."

학생들은 힘든 기색이 역력하였다. 몇 분 안 되는 짧은 시간이었지만 많이 힘들어하는 것을 보니 그동안 '출력'하는 공부가 훈련되지 않았다는 것을 느낄 수 있었다.

"여러분, 방금 우리가 한 것은 〈출력하기〉라는 것입니다. 공부에서는 입력도 중요하지만 출력도 중요합니다. 출력을 통해 공부가 완성되는 거지요. 여러분은 입력하는 연습은 잘 되어 있는데 출력하는 연습은 잘 안 된 것 같군요. 이것을 계속 연습하면 수업 시간에도 집중을 잘할 수 있게 되고, 학습 효율도 올라갑니다."

"기억이 잘 안 나는 것은 머리가 나빠서 그런 거 아닌가요?"

"바로 전 시간에 들은 수업 내용이 생각 안 나는 것은 머리가 나빠서 그런 것도 아니고, 수업 시간에 놀아서 그런 것도 아니니 너무 걱정 안 해도 돼요. 그동안 출력하는 습관을 가지지 않아 갑자기 출력하려니 잘 안 되는 것일 뿐입니다."

"그런데 수업 시간에 집중한 것 같은데 기억나는 게 하나도 없어서 허망해요."

"네, 이제 점점 좋아질 겁니다."

첫 수업은 출력하기와 목표 관리법으로 진행하였다. 목표를 세우고 그것을 관리하는 방법으로 어떻게 계획을 세워 효율적으로 시간을 쓸 것인지 등에 대해 이야기를 나누었다.

다음날, 두 번째 수업 시간. 한 학생이 질문을 하였다.

"선생님. 오늘도 그거 해요?"

"그거? 무엇을 말하는 거지?"

"어제 빡세게 한 거 있잖아요. 수업 내용 적어 보는 거요."

"아, 출력하기 말하는구나."

"네, 그거요. 너무 힘들었어요."

학생은 어제 '수업 내용 적어 보기(출력하기)'가 너무 힘들었다며 겸연 쩍게 웃었다. 학생들은 그동안 집어넣는 것에만 열중하였다. 학교 수업 시간에 듣고, 학원 수업이나 인터넷 강의도 열심히 듣고, 그렇게 듣고 또 들으며 머릿속에 집어넣기 위해 노력해 왔다. 그러나 배운 것을 표현하는 연습은 거의 전무하다시피 하였다. 이것이 공부한 만큼 성과가 나오지 않는 이유였다.

나는 "여러분, 공부는 입력만큼이나 출력도 중요합니다. 자기가 배운 내용을 글이나 말로 자꾸 표현해 보세요. 표현하면 이해가 더 잘 되고 기억도 더 잘 됩니다. 죽어라고 공부하지 않아도 자연스럽게 공부를 잘 할 수 있게 됩니다. 강의를 들었으면 꼭 표현하는 시간을 가지세요."라 고 표현의 중요성을 강조하였다.

그런 다음 다시 수업 시간에 배운 내용을 적어 보라고 하였다. 이미 어제 한 번 경험을 한 뒤라서 아이들은 진지하게 적기 시작하였다. 대 부분 어제보다는 조금 더 적는 것을 볼 수 있었다. 하지만 아직 충분하 게 많이 적는 학생은 없었다. 연습장의 반 페이지 정도 적는 학생이 더 러 있었다. 출력을 마치고 교재를 확인해서 노트에 부족한 내용을 보충 해서 적으라고 하였다.

"자, 이제 책을 보고 미처 기억하지 못했던 부분을 노트에 옮겨 적어 보세요. 색깔이 다른 펜으로 적으면 더 기억이 잘 나겠죠."

학생들은 교재를 확인하고 다른 색 펜으로 노트에 내용을 옮겨 적었다.

"자, 옮겨 적어 보니 어떤가요? 어떤 생각이 들었나요?"

"아, 이거였지 하는 생각이 들었어요."

"기억이 더 잘 나요. 나중에 적은 거 안 잊어 먹을 것 같아요."

그때 한 학생이 질문을 하였다.

"선생님, 이거 수학도 가능한가요?"

"물론 가능합니다. 여기 수학했던 학생 손들어 보세요."

몇 명이 손을 들었다.

"이 방법은 모든 과목에 적용될 수 있습니다. 그러니 남은 기간 잘 훈련하시기 바랍니다."

이제 노트에 적은 내용을 중심으로 서로에게 설명하는 시간을 가졌다.

"이번에는 노트에 적은 내용을 친구에게 설명하는 시간을 갖겠습니다. 두 명씩 짝을 지어서 앉아 주세요."

"선생님, 저는 짝이 없는데요. 한 명 모자라요."

"그래? 그럼, 선생님에게 설명하면 되겠군."

학생들은 서로 상대에게 출력한 내용을 설명하였다. 짝이 없는 학생은 나에게 수업 내용을 설명하였다. 수학 시간에 배운 내용을 열심히 설명하던 그 학생은 무척 신이 나 있었다. 재미있냐고 물으니 "네, 선생님. 효과가 좋은 것 같아요."라며 좋아하였다. 그렇게 학생들은 출력 노트 쓰기에 조금씩 적응해 가고 있었다.

네 번째 수업 시간에는 한 가지 공부 방법을 더 알려 주었다.

"여러분, 출력 노트 참 잘하고 있네요. 그래서 오늘은 한 가지 방법을 더 알려 줄게요. 이 방법까지 쓰면 성적이 많이 오르게 될 겁니다."

나는 학생들에게 천천히 읽기(3SR2E) 방법을 알려 주었다. 그러면서 다음 날 수업할 부분을 천천히 읽기 방법으로 해 보자고 제안하였다.

"여러분, 내일 수업에 진도 나갈 부분을 펴고 천천히 읽기 방법으로 해 봅시다. 그동안은 배운 내용을 출력했는데 오늘은 미리 보는 거라서 조금 어려울 수도 있어요. 하지만 효과가 훨씬 크다는 것을 내일 확인하게 될 것입니다."

학생들은 진지하게 교재를 펴고 천천히 읽기 방법으로 여러 번 읽고 출력해서 노트에 적었다. 대부분 3~5번 정도 읽고 노트에 기록하였다.

다음날 학생들에게 어땠는지 물었다.

"어제 예습으로 천천히 읽기를 진행했는데, 오늘 수업 시간에 효과가 좀 있었나요?"

"네, 수업에 여유가 생겼어요."

"이해가 잘돼요."

"수업에 힘이 덜 들어요."

"숲을 보면서 나무를 하나하나 보는 느낌이에요."

다들 긍정적인 반응이었다. 그날부터 미리 보기와 천천히 읽기를 진행하였고, 출력하기도 병행하였다. 당장 효과를 본 학생들은 적극적으로 자신의 공부에 적용하였다.

일주일쯤 지나자 학생들이 "이제 공부를 어떻게 해야 하는지 감이 잡혀요."라며 다들 이 방법을 꾸준히 실천하겠다고 하였다. 좀 더 일찍 '출력 공부'를 하지 못한 것을 아쉬워했으며, 지금이라도 알게 된 것이 다행이라고도 하였다. 한 학생은 따로 '출력 노트'라는 것을 만들어서 내게 보여 주었다.

"선생님, 이거 출력 노트에요. 이제 계속 출력하는 공부를 할 겁니다."

학생들은 '출력 공부'와 '천천히 읽기'를 통해 공부의 재미와 흥미를 느끼게 되었다. 아이들이 공부 방법을 익히고 습관을 들이려면 직접 그 것을 해 보고 효과를 체험하게 하는 것이 빠르고 정확하다.

학습코칭 포인트

1. 표현하는 공부는 학습 동기를 강화시킨다.
2. 예습이나 복습에 천천히 읽기를 결합한다.
3. 자신이 직접 체험하고 느껴 보게 한다.

03

생각하는 공부

공부는 생각을 하면서 해야 한다. 너무나 당연한 이야기이지만, 생각 없이 공부하는 학생들이 많다. 어려서부터 잘못된 공부 습관이 몸에 밴 까닭이다. 무턱대고 외워 머리에 저장하려고 하는 경향이 있다. 생각의 과정을 거치지 않은 지식이 머릿속에 잘 저장될 리 없다.

그런데 수업 시간이나 강의 중에는 일일이 학생들의 반응을 살펴보며 지도하기가 어렵기 때문에 이러한 공부 방법을 제대로 알려 주기 힘들다. 따라서 생각하는 공부 습관이 형성되지 않은 학생은 당장 성적을 올리려는 욕심보다는, 깊게 생각하면서 공부하는 습관부터 길러야 한다.

공부는 단순히 지식의 축적만을 의미하지는 않는다. 그것보다는 역량을 강화하는 의미가 더 크다. 무언가를 해낼 수 있는 역량을 키우는 것이 세상에 나갔을 때 더 큰 도움이 되는 것이다. 지식은 컴퓨터 안에 잘 저장되어 있다. 그것을 잘 활용하는 역량은 생각하는 훈련에서 비롯된다.

"생각하니까 문제가 풀리는구나"

예은이는 초등학교 4학년이다. 밝고 명랑하며 언제나 친구들과 어울리는 것을 즐기는 아이이다. 하지만 매일 친구들과 노는 것에만 열중하는 예은이를 볼 때면 엄마는 답답하기만 하다. 예은이는 학원 가는 것을 싫어하여 예체능 중심의 방과후 수업만 듣고, 나머지 시간은 친구들과 놀면서 보낸다. 예은이 엄마는 본격적으로 공부가 시작되는 중학교에 올라가면 따라갈 수는 있을지 큰 걱정이다.

상담 첫날 예은이네는 분위기가 심상치 않았다. 예은이가 수학 형성평가에서 50점도 안 되는 점수를 받아 왔기 때문이다. 더 이상 늦출 수 없다고 생각한 엄마는 학원을 다니라고 하고, 예은이는 싫다고 울먹이고 있었다. 진정되기를 기다리던 나는 우선 예은이 시험지가 보고 싶었다.

"일단 뭐가 문제인지 차근차근 알아보는 게 좋을 것 같습니다. 학원을 가는 건 그 다음에 결정해도 늦지 않을 것 같네요. 우선 시험지를 좀 볼까요?"

예은이 엄마가 시험지를 가져왔다.

"어머니, 아주 기초적인 문제도 틀렸네요. 학원에 간다고 해도 기초가 부족하면 따라가기가 힘듭니다. 학원에서는 정해진 대로 진도를 나가야 하고, 예은이만 붙들고 있을 수도 없을 테니까요."

"그럼, 어떻게 해야 하나요?"

"예은이가 요즘 수학을 어떻게 공부하고 있나요?"

"문제집 세 권을 매일 풀고 있어요. 학교 진도보다 조금 앞서서요."

"세 권씩이나요? 예은이가 많이 힘들어 하지 않았나요?"

"학원도 안 다니는데 그 정도는 해야 하는 거 아닌가요? 1년씩 선행을 하는 아이들도 주변에 꽤 많아요. 학교 수업보다 조금 앞서 공부하는 건 아무것도 아닌데요."

"선행이 무조건 나쁘다는 건 아니에요. 능력이 되고 실력이 우수하다면 그런 것도 필요하겠지요. 하지만 지금 보셨듯이, 이런 기초적인 문제도 제대로 이해하지 못하고 있는데 그 많은 문제집을 푸는 것이 무슨 의미가 있고, 학원만 보낸다고 해결이 되겠어요?"

"그럼, 어떡해야 하죠?"

"일단 문제집을 1권으로 줄여야 합니다."

"네? 3권을 해도 성적이 떨어졌는데, 거기서 더 줄이라면……."

"문제집을 줄이면 성적이 올라갈 겁니다."

"정말 그럴까요?"

"네, 학교 진도에 맞춰 매일 조금씩 풀어 보면 점차 좋아질 것입니다."

예은이와 다시 상담이 시작되었다.

"예은아, 엄마한테 들으니 하루에 문제집을 세 권씩이나 풀었다면서? 정말 힘들었겠다. 지금부터는 그렇게 많이 하지 않아도 돼. 한 권만

학교 진도에 맞춰서 풀면 돼. 학원 가는 것보다는 나을 테니 우리 열심히 해 보자."

"네, 알겠어요."

예은이는 힘없이 대답하였다.

"근데, 예은아. 선생님이 이해가 안 되는 게 있어. 배우지도 않은 내용을 매일 세 권씩이나 풀었다면 제대로 풀지 못했을 것 같은데, 넌 어떻게 문제집을 풀었니?"

"엄마한테 이야기하시면 안 돼요. 사실은 해답 보고 베꼈어요. 안 하면 혼내시니까 어쩔 수가 없었어요. 이건 정말 비밀이에요."

"그래, 알았어. 비밀은 지킬게. 그럼 오늘은 몇 문제만 풀어 볼까? 학교에서 배운 부분 좀 보자."

예은이는 그날 배운 부분의 문제를 풀기 시작하였다. 그런데 문제 푸는 모습을 보니 예상했던 문제를 발견하였다. 조금 생각해 보다 모르는 문제는 그냥 넘어가는 것이었다. 그러니까 깊게 생각을 안 하고 다음 문제로 넘어가는 것이다. 그래서 못 푼 문제를 가리키면서 왜 그 문제는 안 풀었냐고 물었더니, "잘 모르는 거예요. 어려워요." 하고 대답하였다.

"음, 어려운 문제구나. 하지만 조금만 더 생각하면 풀리는 문제야. 아까 못 푼 문제들 1분 정도 생각할 수 있어? 수학 실력은 생각의 등급이래. 오래 생각할 수 있으면 생각의 등급이 올라가고, 그러면 자연히 수학 점수가 올라가는 거지. 그래서 우리는 점수를 올리려고 하지 않고 생각의 등급을 올리려고 할 거야. 좀 더 오래 생각하는 거지."

"네, 1분 정도는 할 수 있을 것 같아요. 그런데 1분 했는데도 안 풀리는 문제는 어떻게 해요?"

"응, 상관없어. 어쨌든 1분을 채우면 생각의 등급이 올라가는 거잖아. 일단은 생각의 등급을 올리는 데 집중하자."

"알겠어요. 한번 해 볼게요."

나는 시간을 재고 예은이는 문제를 풀어 나갔다. 문제를 푸는 동안 "생각 잘 하네, 잘 생각하고 있어."라며 격려해 주었다. 틀린 문제 중에서 한 문제를 빼고는 1분을 넘기기 전에 풀었다.

"와우~ 잘했어. 생각을 하니까 문제가 풀리는구나. 생각하느라 수고했어."라고 칭찬을 해 주었다. 그랬더니 풀지 못한 문제를 가리키며 "이 문제는 1분 동안 생각했는데도 안 풀렸잖아요?" 하는 것이었다. 그래서 "이 문제는 1분 동안 생각했는데도 안 풀린 문제가 아니라, 1분보다 더 생각하면 풀리는 문제야."라고 말해 주었다.

"그럼, 다시 생각해요?"

"아니, 오늘은 안 해도 돼."

"왜요?"

"네가 오늘 너무 힘들어. 생각하느라 많이 힘들지?"

"네, 힘들어요."

"일단 생각하는 건 오늘은 그만하고 틀린 문제는 내일 생각하면 돼. 오늘처럼 1분씩 생각하면 돼. 생각이 누적되면 자연히 문제가 풀린단다."

예은이는 날마다 학교 진도를 중심으로 수학 문제를 풀면서 생각하는 시간을 늘려 나갔다. 날이 지날수록 조금씩 집중하는 모습이 보였고,

그로부터 한 달 뒤 예은이의 성적이 껑충 뛰어올랐다. 생각하는 습관을 갖게 되면서 공부하는 자세가 달라지고 다른 과목도 더 열심히 하게 되었다.

생각 중심의 공부

이러한 방식은 공부를 잘하는 학생들에게도 적용할 수 있다. 문제의 난도를 올리고 생각하는 시간을 늘리면 자연스럽게 공부에 몰입하는 방법을 체득하게 된다.

중학교 2학년에 다니는 한 학생이 내게 수학 문제가 너무 어렵다며 가지고 왔다. 아무리 생각해 봐도 어떻게 해야 할지 잘 모르겠다는 거였다. 나는 이 학생에게 생각하는 공부를 가르쳐 줄 좋은 기회라고 판단하였다.

"어디 보자. 정말 어려운 문제네. 나도 잘 모르겠는걸. 우리 같이 풀어 보자. 나는 여기서 풀고, 너는 거기서 풀고. 먼저 푼 사람이 푸는 방법을 알려 주기. 알았지?"

우리는 테이블을 마주 보고 서로 열심히 문제를 풀었다. 아이는 안 풀렸던 문제를 다시 풀려니 엄두가 나지 않는다는 표정이었지만, 앞에서 선생님이 열심히 푸는 모습에 이내 마음을 고쳐 먹고 문제를 풀어 나갔다. 20분이 지나고 30분이 지나도 문제가 풀리지 않았다. 그러다 갑자기 "선생님, 풀었어요." 하는 것이었다. 나는 "오, 그래? 어떻게 풀었어? 설명 좀 해 봐."라고 했더니 열심히 자기가 푼 대로 설명을 해 주는 것이었다.

"역시, 생각을 많이 했네. 네가 설명을 해 주니까 이해가 잘 된다."

나는 칭찬을 하며 한 가지를 피드백해 주었다.

"너는 오늘 문제를 푼 것도 잘한 일이지만 한 가지 큰 발전이 있었어. 바로 너의 생각의 등급이 올라간 거야. 30분 넘게 쉬지 않고 문제를 풀 수 있는 능력이 생긴 거지. 앞으로 그 능력을 잘 키워 봐. 세상을 살면서 아무리 어렵고 힘든 일을 만나도 고민하거나 걱정하지 말고 생각을 해. 생각을 하면 모든 문제가 풀린단다. 지금처럼."

학생이 공부하는 과정에서 생각의 힘을 키워 몰입할 수 있는 능력을 기르도록 이끌어 주는 것은 매우 중요하다. 결과 중심이나 평가 중심이 아니라 과정 중심으로 공부를 하게 하면, 집중력이 길러지고 몰입의 힘을 깨닫게 된다.

한 초등학생이 사다리꼴 넓이를 구하지 못해 낑낑대고 있었다.

"무엇이 힘들지? 많이 어려워?"

"네, 공식을 잊어버렸어요."

"오, 공식을 잊어버려서 힘들어 하는구나. 공식만 기억하면 금방 풀 수 있는데……."

"네, 분명히 외웠는데 갑자기 생각이 안 나네요."

"그런데 이 문제 공식 몰라도 풀 수 있는데, 잘 생각해 봐. 삼각형이나 사각형 넓이 구하는 방법은 알고 있니?"

"네, 그건 알아요."

"그래? 그럼, 풀 수 있어. 잘 생각해 봐. 삼각형과 사각형."

그래도 아이는 다른 방식으로 풀 생각은 못하고 공식을 기억해 내기 위해 애를 쓰고 있었다.

"공식 몰라도 풀 수 있다고 했잖아. 삼각형, 사각형이 힌트야. 잘 생각해 봐."

아이는 이리저리 궁리하더니 불현듯 "아, 알았어요." 하면서 문제를 풀어냈다.

"어떤 방법으로 풀었지?"

"네, 삼각형 두 개로 나눠서 풀었어요."

"그럼, 공식 확인해 봐."

아이가 공식을 보면서 자신이 푼 방식과 공식의 연관성을 확인하게 하였다.

"아, 그래서 곱하기 1/2을 하는구나."

"거봐, 생각하니까 문제가 풀리지? 무조건 공식만 외우려고 하지 말고 생각을 해. 그러면 너만의 공식도 만들 수 있을 거야."

"그리고 이 문제는 푸는 방법이 여러 가지야. 대부분의 문제도 푸는 방법이 한 가지만 있는 것은 아니야. 여러 가지 방법으로 풀 수 있어. 만약에 네가 다른 방법을 알아내면 나한테도 알려 줘. 알았지?"

며칠 뒤, 아이에게서 갑자기 전화가 왔다.

"선생님, 알아냈어요. 사다리꼴 넓이 구하는 거요."

"그래, 또 다른 방법을 알아냈단 말이지?"

"네. 사다리꼴 똑같은 것을 옆에다 거꾸로 붙이면 평행사변형이 되 잖아요. 그 평행사변형 넓이 구하는 방법으로 풀면 되어요. 그런데 그게 사다리꼴이 두 개가 붙어 있는 거니까 곱하기 1/2을 하면 되구요."

"오, 생각을 많이 했구나. 역시 생각을 하니까 문제가 풀리지? 좋은 경험을 했어."라고 칭찬을 해 주었다.

공식 없이 문제를 푼 경험을 한 아이는 무조건 공식에 의존하지 않게 되었다. 우선은 스스로의 힘으로 문제를 풀기 위해 노력하였고, 나중에 공식을 참고하였다. 또 어떻게 그런 공식이 만들어졌는지도 생각해 보 는 등 공부의 방법과 깊이가 달라지기 시작하였다. 생각하는 공부를 체 득한 것이다.

학습코칭 포인트

1. 공부는 단순히 지식의 축적만을 의미하지는 않는다. 그것보다는 역량을 강화하는 의미가 더 크다. 그러한 역량은 생각하는 훈련에서 비롯된다.
2. 학생이 공부하는 과정에서 생각의 힘을 키워 몰입할 수 있는 능력을 기르 도록 이끌어 주는 것이 중요하다. 결과나 평가 중심이 아니라 과정 중심으 로 공부를 하게 하면, 집중력이 길러지고 몰입의 힘을 깨닫게 된다.

04

자기주도학습
시스템

공부에서 기억보다 더 중요한 것이 있을까? 공부한 내용을 필요할 때 끄집어내지 못하고 기억하지 못한다면 공부하고 싶은 마음이 잘 생기지 않을 것이다. 많은 학생들이 아무리 공부해도 기억을 잘하지 못해 좌절한다.

실제 학습 상담을 신청한 대부분의 학생들이 이러한 문제로 고민하고 어려움을 호소하고는 한다. 어제 분명히 공부했는데 오늘 생각해 보면 잘 기억나지 않기 때문이다. 그러다 보면 나는 왜 이렇게 머리가 나쁠까 하는 생각이 들기도 한다. 암기를 잘하는 상위권 학생들이 부럽기만 하다.

하지만 자전거를 타는 데도 원리가 있고 방법이 있듯이, 당연히 공부에도 원리와 방법이 있다. 공부의 핵심인 암기에도 공식과 같은 원리가 반드시 있는 것이다. 많은 학생들이 이 원리를 무시하고 무작정 외우려고 달려드는 모습을 볼 때면 안타깝다.

역설적이지만 암기는 망각에서 시작된다. 망각하기 때문에 기억하지 않아도 될 일이나 기억하고 싶지 않은 일을 잊고 마음 편히 살 수 있다. 그러나 덕분에 기억해야 할 것들도 같이 망각이 되므로 잊지 않기 위해서는 특별한 노력이 필요하다.

그렇다면 학습에서 이 망각의 늪을 빠져나오는 방법은 무엇일까? 바로 주기적인 복습이다. 수업 후 20분 안에 1차 복습을 해 주는 것이다. 정확하게 말하면 수업 직후 3분 정도에 다시 한 번 공부한 내용을 훑어보는 것이 좋다. 그리고 그날 저녁에 한 번 더 보고, 주말에 또 한 번 확인하고, 시험 전에 다시 정리한다면 망각되는 양을 현저히 줄일 수 있다.

실제로 실험을 통해 복습의 효과가 증명된 사례가 있다. 학생을 A, B 두 집단으로 나눈 후 A 집단은 수업을 듣고 바로 5분간 복습을 시켰고, B 집단은 복습을 하지 않았다. 6주 뒤에 치러진 시험에서 복습을 한 A 집단의 학생들이 B 집단의 학생들보다 1.5배나 기억률이 높았다. 이렇듯 주기적인 복습은 기억을 잘하는 지름길이다.

초등, 복습 위주로 공부하기

초등학생 시기는 공부의 기초 체력을 다지고 배운 것을 소화해 내 것으로 만드는 습관을 정착하는 것이 중요하므로, 복습 위주로 공부할 것을 권하고 싶다. 복습할 때 엄마가 주로 아이를 가르치게 되는데, 엄마가 아이를 가르치기보다는 아이가 엄마를 가르치는 것이 훨씬 효과적이다. 엄마가 가르치면 아이보다는 엄마에게 더 많이 공부가 된다.

공부하는 주체는 학생인데 부모나 교사가 공부하는 경우가 많다. 내가 조금이라도 아는 것이 나오면 가르치고 싶은 욕구가 생기기 때문이다. 하지만 아이 입장에서는 따분하고 집중이 되지 않는다. 역할을 바꿔서 아이에게 설명하라고 하고 부모가 열심히 듣는다면, 아이는 더 잘 설명하기 위해 노력할 것이다. 부모가 가끔 틀려 주는 센스까지 발휘한다면 아이는 더 신이 나서 가르치려고 할 것이다. 그러면서 실력이 향상되고 공부 습관이 만들어질 것이다.

문제집의 경우 진도가 밀리지 않고 꾸준히 풀어 나가는 것이 중요하고, 틀린 문제는 여러 번 풀어서 개념을 완전히 이해하는 것이 좋다. 배운 내용을 반복해서 풀다 보면 틀린 문제도 잘 풀게 되고 공부에 자신감이 생길 것이다.

복습할 때는 많은 양의 문제집을 풀기보다 한 권의 문제집을 정해 놓고 푸는 것이 좋다. 틀린 문제는 풀 수 있을 때까지 시간을 갖고 들여다보자. 모르는 것을 제대로 알고 넘어가는 습관을 들이지 않으면 중학교에 올라가서 낭패를 당하기 쉽다. 수학의 경우 처음에는 쉬운 개념 확인 문제만 골라서 풀고, 개념이 익숙해진 다음에는 연습 문제, 응용 문제를 차례대로 살펴보는 것이 좋다.

성적이 낮은 학생들에게 과도한 공부 분량을 제시하면, 힘들어서 포기하는 경우가 많다. 이럴 때는 차라리 학습량을 줄이면서 성취감을 느끼게 한 다음 서서히 공부할 분량을 늘려 가는 것이 좋다.

중·고등, 예습해야 하는 이유

예습 또한 복습 못지않게 중요하다. 특히 중·고등학생은 아무리 시간이 없더라도 조금이라도 예습을 하는 것이 좋다. 예습이 수업 시간의 집중력에 미치는 영향은 생각보다 크기 때문이다. 또 학습할 양이 많고 난도가 높아서 복습만으로 내용을 완전히 소화하기에 무리가 따른다.

예습이란 배울 내용을 완전하게 알 수 있도록 공부하는 것이 아니라, 배우게 될 내용이 무엇인지 확인하고 생각해 보는 것이다. 그리고 자신이 현재 모르고 있다는 사실을 확인하는 것, 그래서 알고 싶은 마음이 생기게 하는 것인데, 그 정도까지만 하여도 예습하였다고 말할 수 있다. 수업을 하기 전에 단 몇 분 동안만 책을 읽어 보는 것도 충분히 예습의 효과가 있다.

그런데 하위권 학생들은 수업 직전 잠깐 동안의 예습은 별로 효과가 없을 것이다. 어휘나 배경지식 등이 약하기 때문이다. 이러한 학생은 예습을 하려면 하루나 이틀 전에 모르는 어휘를 확인하며 자세하게 공부할 필요가 있다. 이때 천천히 제대로 읽기(3SR2E)를 통해 예습하면 된다.

예습이 복습보다 힘들고 짜증스러운 일인 것은 분명하지만 그만큼 효과가 더 크다. 공부를 잘하느냐 잘하지 못하느냐는 집중력에 의해 많은 부분이 좌우된다. 어떻게 하면 집중력을 높일 수 있느냐가 문제가 되는데, 자신이 모르고 있다는 사실을 인식하고 스스로 알고 싶은 욕구가 생기도록 하여야 한다. 모른다는 사실을 깨닫기 위해서도 예습을 해야 하고, 알고 싶은 욕구를 불러일으키기 위해서도 예습을 해야 한다.

사회 과목을 힘들어하던 중1 학생이 있었다. 수업 시간에 무슨 말인지 이해하기가 힘들다고 하였다. 그래서 나는 그 학생에게 내일 배울 내용을 미리 예습해 가도록 하였다. 방법은 배울 내용을 미리 반복해서 여러 번 읽는 것이었다. 물론 읽으면서 모르는 단어는 그 뜻을 확인하였으며, 읽을 때마다 밑줄을 그으면서 중요한 부분을 표시하게 하였다. 그리고 3번 이상 반복해서 읽은 다음 노트에 적으라고 하였다. 그다음에 내용을 나에게 설명하게 하였다. 반복 횟수가 늘어나면서 공부할 내용에 대한 이해도가 올라가고, 수업 시간에 아는 내용이 많이 나와 자신있게 대답할 수 있어서 수업에 집중할 수 있게 되었다. 그 결과 시험 성적도 많이 오르게 되었다.

예습을 하게 되면 아는 것도 있고, 알 듯 모를 듯한 것도 있으며, 도무지 알 수 없는 것도 있다. 아는 것은 알기 때문에 재미가 있어 수업에 집중하게 되고, 알 듯 모를 듯한 것은 호기심이 더해져서 집중할 수 있으며, 전혀 알 수 없는 것은 선생님의 강의를 통해서 알아야겠다는 욕심 때문에 집중력이 높아져서 학습에 도움이 된다.

반복해야만 완전하게 자기 것이 되기 때문에 복습은 필요하다. 그리고 수업 시간에 흥미와 집중력을 가지고 학습에 임하여야 하기 때문에 예습 역시 필요하다. 공부의 핵심은 집중력과 흥미(호기심)이다. 집중력과 흥미를 가지고 학습에 임하기 위해서 예습은 매우 좋은 방법이다.

학습코칭 포인트

1. 초등학생은 복습 위주로 공부 습관을 기른다.
2. 학습의 난도가 올라가는 중·고등학생은 되도록 예습을 실천하도록 한다.
3. 적절한 예습과 복습은 학습 동기를 강화한다.

05

시간을
경영하는 공부

목표를 이루기 위해서는 긍정적인 마음으로 행동하는 것이 중요하다. 그리고 그와 더불어 필요한 것이 있는데 바로 하루라는 시간을 잘 관리하는 것이다. 목표가 있는 사람은 시간 관리부터가 다르다.

스티브 잡스는 스탠퍼드 대학교 졸업 연설에서 "모든 순간은 미래로 연결되어 있다."라고 하였다. 미혼모의 자녀로 태어나 입양되어야만 하였고, 형편이 어려워 대학도 중도에 포기할 수밖에 없었다. 대신 자신이 듣고 싶은 강의를 들었는데, 그때 들었던 캘리그래피(calligraphy, 글자를 다루는 시각 디자인의 한 분야) 강의는 매킨토시의 아름다운 서체의 바탕이 되었다.

이처럼 현재의 순간순간은 끊임없이 미래에 영향을 미치고 있다. 따라서 미래의 목표를 세우는 것도 중요하지만, 현재의 순간을 소중히 여기는 마음도 필요하다. 오늘 하루가 모여 나의 미래를 만든다고 생각하면 오늘 내가 만나는 사람에게 최선을 다하게 되고, 오늘 경험한 것들에서 더 많은 것을 배우고 느끼기 위해서 노력하게 된다. 시간을 아껴 쓰고 잘 관리하는 것은 단순히 공부를 잘하기 위해서만이 아니라, 성공하는 인생을 위해서도 반드시 익혀야 할 중요한 습관이다.

나는 코칭하는 학생들에게 '공부 일기'를 써 보라고 권한다. 공부 일기에는 공부한 시간뿐만 아니라 논 시간까지 그대로 적게 한다. 최대한 자세하게 매일 적다 보면 '내가 공부를 많이 한 것 같은데 왜 성적이 오르지 않을까?' 하고 생각했던 것이 얼마나 잘못되었는지 알게 된다. 생각했던 것보다 실제 공부한 시간이 많지 않아 스스로도 놀라는 경우가 많다.

상위권 학생들은 본능적으로 공부 계획을 세우고, 상황에 따라 계획을 수정하며 자신의 목표에 도달하기 위해 노력한다. 그들은 그렇게 하는 것이 공부 효과를 높이는 지름길이라는 사실을 알고 있다.

그런데 하위권 학생들은 계획의 중요성을 간과하는 경우가 많다. '그게 그렇게 중요한가?'라고 생각하며 급한 마음에 무작정 공부를 한다. 시험 준비에도 계획적이지 못한 것은 명약관화. 만족스러운 결과를 얻지 못했으니 공부에 의기소침해지는 것은 당연하다. 그렇게 몇 번을 지나고 나면 무계획의 악순환에 빠져 좀처럼 헤어 나오지 못하게 된다. 따라서 계획의 중요성은 아무리 강조해도 지나치지 않다.

계획을 세울 때는 하루와 일주일 단위로 구체적으로 세우는 것이 좋다. 계획은 자신의 능력과 비교해서 약간 높은 정도가 적당하다. 너무 무리하게 세우면 쉽게 좌절하기 때문이다. 많은 학생들이 시간 계획을 잘 세우지 못하는 것은 자신이 어떻게 시간을 보내고 있는지 객관적으로 보지 못해서 그렇다.

부모는 자녀의 시간 관리가 허술한 것이 눈에 보이기 때문에 충고하고 야단을 치게 되지만, 정작 학생 자신은 그것을 느끼지 못하기 때문에 그저 잔소리로만 들리고 반항심을 갖게 된다. 그러니 일단 자신이 하루를 어떻게 보내는지 정확하게 알면 효율적인 시간 관리를 할 수 있다.

공부 일기로 문제를 발견하다

민승이는 중학교 2학년이다. 공부는 중간 정도이며, 성격이 내성적이고 자기 표현을 잘하지 않는다. 여느 청소년들이 그렇듯 부모님과는 조금 멀리하고 싶은 한창 사춘기의 소년이다. 하지만 민승이는 나름대로 꿈을 키우고 있으며, 자신의 미래에 대해 많이 생각하는 편이다. 물론 부모님이 보기에는 문제도 많고, 아무 생각 없이 하루하루를 보내는 것 같아 걱정이 된다.

부모님은 두 분 다 직장에 다니셔서 학교에서 돌아오면 할머니께서 맞아 주신다. 하지만 할머니께서 민승이의 일거수일투족을 엄마에게 알리는 통에 얼마나 신경이 쓰이는지 모른다.

어머니는 직장 때문에 아이와의 대화 시간이 부족하고, 점점 까칠해지는 아들 때문에 고민하다가 코칭을 의뢰하게 되었다고 한다. 성격이 좀 급한 편인 듯한 어머니는 아이에게 무언가 도움을 주고 이야기도 많이 해 주고 싶은데 민승이가 잘 따라 주지 않는 상황이었다.

상담 첫날부터 어머니와 작은 신경전이 있었다. 민승이와 상담이 시작되었는데 어머니께서는 방을 나갈 생각을 하지 않고 있었다. 조용히 있을 테니 수업하는 것을 참관하게 해 달라고 하셨다. 민승이가 무슨 생각을 하고 있고, 선생님과는 어떤 대화를 하는지 알고 싶으신 것 같아 그렇게 하라고 하였다.

민승이와 이야기하다가 공부 방법을 살펴보니, 생각나는 대로 계획성 없이 하는 것이 보였다.

"민승아, 네가 공부하는 양과 과목별 공부 스타일을 알아야 하니까 공부 일기를 써 보는 게 어떨까?"

"전, 뭐 쓰는 거 싫어하는데요."

"이건 뭘 많이 쓰는 게 아니고, 네가 그날 공부한 과목과 내용만 적으면 돼. 가령 영어 교과서 3과 본문 42~44페이지 2번 읽음. 수학 ○○문제집 37~38페이지. 공부 시간은 몇 시부터 몇 시까지. 이런 식으로 매일 기록하면 돼. 별로 어렵지 않아. 네가 어느 정도 공부하는지 알아야 앞으로 공부 계획을 세울 수 있거든."

"네, 알겠어요. 해 볼게요."

"그래, 노트는 아무거나 해도 괜찮아. 깨끗한 공책이면 돼."

그로부터 사흘 뒤 새벽 1시.

잠자리에 들려는데 갑자기 문자가 왔다. 〈샘, 민승이 전혀 변화 없음. 공부 일기 기록하지 않음.〉이라는 민승이 어머니의 문자였다. 어머니도 같이 수업을 들었기 때문에 민승이가 공부 일기를 쓰고 있는지 궁금했을 것이고, 그래서 밤에 아이가 잘 시간에 몰래 점검한 것이다.

다음날 어머니께 전화를 드렸다.

"어머니, 너무 걱정하지 마세요. 아이 공부량을 측정하려는 거니까요. 만약에 안 썼으면 직접 확인하면 됩니다. 일주일 치니까 양이 많지 않아서 확인하기 어렵지 않습니다."

"근데, 얘가 왜 그렇게 말을 안 듣죠? 그거 쓰면 좋을 텐데……."

"네, 다른 아이들도 그래요. 문제가 있는 것은 아니고요. 안 해 봤으니까 귀찮을 수도 있죠."

다음 수업 시간에 민승이를 만났다. 책상 위에는 낯선 노트 한 권이 놓여 있었다.

"이게 뭐야?"

"공부한 것 적은 거예요. 공부 일기요."

민승이는 공부 일기를 나름대로 매일매일 적어 놓고 있었다. 그런데 엄마는 왜 몰랐을까? 엄마가 확인할 것을 예상한 민승이가 다른 데다 숨겨 놨으니 엄마가 못 찾을 수밖에…….

그 다음주도 민승이는 계속해서 공부 일기를 적었다. 그러면서 스스로 자신의 문제를 알아 나갔다. 학습량이 적다는 것, 공부가 특정 과목에 편중되어 있다는 것, 시험 준비 시간이 너무 짧다는 것 등등을 깨달아

가면서 학습 태도도 많이 좋아졌다. 엄마와 아빠의 간섭도 줄어들고, 칭찬이 없던 아빠에게 처음으로 "이제 제대로 공부하는 것 같구나."라는 칭찬도 받았다.

아이들이 공부를 잘하기 위해서는 스스로 돌아보는 시간이 필요하다. 그 과정에서 반성을 통한 새로운 다짐과 계획을 한다면 아이는 스스로 공부하는 학생으로 변해 갈 것이다. 하지만 반성을 강요한다거나 윽박지르면 아이는 점점 더 삐뚤어지고 자기주도학습에서 멀어질 것이다.

자기주도학습 역량을 키우는 공부 습관 일지

종환이는 중학교 1학년 여름 방학 때 처음 만났다. 말수가 적고 수줍음을 많이 타는 학생이었다. 종환이 어머니는 이미 석 달 전에 아이의 공부 문제로 전화 상담을 한 적이 있어서 기억하고 있었다.

그동안 어머니는 여러 가지 방법을 써 보았으나 효과가 없어서 조금 지쳐 있었고, 종환이는 중학교 들어서 갑자기 많아진 학업에 대한 부담 때문에 많이 힘들어하고 있었다. 종환이의 방에는 여러 가지 공부법 책이 놓여 있었다. 책을 펴 보니 '밑줄 치고', '별표하고', '접고' 굉장히 열심히 본 흔적이 있었다.

"종환아, 이 책 다 읽은 거야?"

"아뇨. 엄마가 보셨어요."

하면서 겸연쩍게 웃음을 짓는다.

많은 부모들이 범하는 실수 가운데 하나가 공부법 책을 읽고 자녀에게 공부법을 가르치고 지도하는 것이다. 공부의 중심은 학생 자신인데 책을 쓴 저자에게 맞추다 보니 맞지 않는 옷을 억지로 입는 꼴이 되어 버린다. 아이에 대한 이해를 바탕으로 자녀에게 맞는 방법을 찾아야 하는데 주객이 전도되고 말았다. 공부법 책에 대한 맹신은 부모 세대가 과거에 받아 온 공부 방법과도 닮아 있다. 모든 일에는 단 하나의 정답만이 있다고 믿는 그들은, 공부법도 정해진 틀이 있고 그 방법대로만 하면 좋은 성적을 받을 것이라고 생각한다.

서점에는 수많은 공부법 관련 책이 있고, 책마다 권하는 공부 방식이 조금씩 다르다. 물론 예습, 복습, 수업에 집중 등은 대부분 공통으로 언급하고 있기는 하다. 그런데 복습이나 예습도 자신만의 방법으로 하기 마련이다. 그러니 대부분의 학생들에게 공부법 책은 또 다른 교과목처럼 느껴지고 억지로 익혀야 하는 힘든 과정이 될 수밖에 없다.

종환이 어머니도 비슷한 경우였다. 책에서 읽은 공부법을 아이에게 주입하려다 보니 아이는 힘들어하고 관계도 안 좋아졌다. 그래서 이렇게 가다가는 상황이 더 안 좋아질 것 같다는 판단을 하였다고 한다.

종환이는 중상위권 정도의 성적을 유지하고 있었다. 여느 학생들처럼 수학과 영어를 개인 지도 받고 있었고, 학교와 과외 선생님이 내 준 숙제가 많아서 힘들다고 하였다. 숙제가 일정 수준을 넘어서면 숙제는 더 이상 공부가 아니라는 것을 알아야 한다. 과도한 숙제는 공부에 대한 흥미를 떨어뜨리고 공부에 거부감을 갖게 한다.

물론 부모 입장에서는 TV 보는 시간, 컴퓨터 앞에서 노닥거리는 시간, 아무 생각 없이 멍하게 앉아 있는 시간을 줄이면 얼마든지 숙제를 할 수 있다고 생각할 것이다. 종환이가 초등학교 저학년이라면 부모님이나 선생님이 시키는 대로 했을지도 모른다. 하지만 중학생인 종환이는 '왜 이걸 억지로 해야 하나?', '언제까지 이렇게 살아야 하나?' 하는 고민으로 힘들어 하고 있었다.

그래서 어머니한테 "과외 선생님께 이야기해서 숙제를 반으로 줄이도록 하는 게 어떨까요?"라고 제안 드렸다. 물론 어머니는 많이 난감해 하셨다. 불안하셨기 때문이다.

"공부는 하는 시간만큼은 집중해야 하고, 그래야 재미와 보람을 느낄 수 있습니다. 지금 방식으로 계속 간다면 아마 많이 지칠 것이고 의욕도 저하될 것입니다."

"그렇지 않아도 과외 선생님한테 들으니 아이가 숙제를 제대로 안 한다고 그러네요. 선생님 말씀대로 숙제를 줄이는 것이 나을 것 같아요."

종환이에게는 "공부는 양이 문제가 아니라 5분을 하더라도 집중하는 것이 중요하다."고 말해 주었고, "공부를 많이 하려 하지 말고 정확하게 하라."고 조언하였다. 또 "모르는데 그냥 넘어간다거나, '나중에 하지 뭐'라고 미루는 것들은 공부를 못하게 되는 지름길"이라고 말하며 '공부 습관 만들기 프로젝트'에 돌입하였다.

종환이에게 그날 배운 내용을 다시 생각해서 적게 하였고, 그 내용을 나에게 설명하게 하였다. 그리고 상대적으로 약한 국어와 과학 과목은 교과서와 참고서를 여러 번 슬로 리딩(3SR2E)으로 읽게 하였다. 상황에 따라서는 슬로 리딩으로 예습을 하게도 하였다.

이렇게 복습과 교과서 읽기 등이 어느 정도 익숙해지자 매일 실천할 수 있도록 공부 습관 일지를 쓰도록 하였다. 공부 습관 일지는 간단하게 그날의 공부 계획과 평가와 점검을 할 수 있도록 구성하였다. 공부 습관 일지는 쓰다 보면 저절로 공부 습관이 만들어지도록 구성한 일종의 플래너이다.

공부 습관 일지 2권을 쓰고 나자, 종환이는 혼자서 공부할 수 있는 힘을 갖게 되었고 나름의 방식대로 공부해 나갔다. 그동안 수업한 소감을 말하라고 하니, "전에는 계획 짜고 하는 게 도움이 안 된다고 생각했는데 한번 해 보고 나니까 공부에 많은 도움이 되었어요. 공부 습관 일지도 처음에는 하기 싫고 귀찮았는데 계속 쓰다 보니 정리가 잘 되었고, 또 무엇을 공부하고 있는지 정확하게 알게 되니까 대비하기도 좋았어요."라고 말하며 웃었다.

학습코칭 포인트

1. 공부를 잘하기 위해서는 스스로 돌아보는 시간이 필요하다. 공부 일기를 쓰다 보면 자신의 문제를 발견하게 되고 효과적인 계획을 세울 수 있다.
2. 공부 습관 일지를 통해 그날 공부 계획 및 평가와 점검을 할 수 있다. 일정 기간을 쓰다 보면 저절로 공부 습관이 만들어진다.

06

피드백과 동기 부여
공부법

지방에서 학습코칭 관련 강의를 하고 얼마 후 한 통의 전화가 왔다. 아이의 공부 문제로 고민하다가 전화를 한 것이라고 하였다.

"안녕하세요. 며칠 전에 강의를 듣고 고민하다가 연락드립니다. 우리 아이는 딱 봐도 공부 못하는 아이의 행동을 하는 전형적인 경우입니다. 어제도 공부를 엉망으로 해서 아빠한테 엄청 혼나고 공부할 자격이 없다고 꾸중을 들었습니다."

"구체적으로 어떤 게 문제인가요?"

"아이가 집중을 못하고 너무 산만합니다. 거실하고 방을 돌아다니고, 동생들하고 장난도 많이 해요. 제가 할 일을 미리 정리해서 체크하는데, 점점 느려지고 엉망입니다."

"그래도 하기는 하는가요?"

"네, 하기는 해요. 숙제를 하기는 하는데 효과가 없는 것 같아요."

"좀 더 구체적으로 설명해 주시겠어요?"

"수학 같은 경우에 나눗셈을 잘 못해요. 그리고 가만히 앉아 있지 못합니다. 잠시도 가만히 못 있어요. 차분하게 앉아 있어야 공부도 할 수 있는데, 문제가 너무 많아요."

"학원이나 과외는 하나요?"

"아뇨. 학원이랑 학습지를 했는데 이제 다 끊었어요. 효과도 없고 따라가지를 못해요."

"그러면 부모님하고 사이도 안 좋겠네요?"

"네, 계속 공부하는 게 느리고 틀리고 하니까 화가 나요. 그래서 말을 해도 아이한테 좋은 말을 안 하게 돼요."

"네, 정말 걱정이 많으시겠네요."

"오늘도 숙제를 해 놓으라고 하고 퇴근 후에 집에 와서 보니까, 하기는 했는데 수학 풀이가 다 틀렸어요. 제가 화병이 날 지경입니다."

"부모님하고 사이가 안 좋으면 아이도 많이 힘들어하지 않나요?"

"네, 힘들어해요. 그래서 아이가 자존감도 많이 떨어져 있고, 살기 싫다는 말도 하고 해서 겁이 납니다. 어떻게 하면 좋을까요?"

며칠 후 초등학교 5학년 경희와 어머니를 만났다. 간단하게 상담을 한 후 몇 가지 설문지를 작성하였다. 그중 일부를 공유하면 다음과 같다.

- 나는 평소에 운이 좋은(감사한 일이 많은) 사람이라고 생각한다. (○,×)

- 나는 책 읽기를 좋아한다. (○,×)

- 나의 장점과 단점을 적어 주세요.

  장점: 발레를 잘하고 예쁘다는 소리와 성격이 좋다는 소리를 자주 듣는다.

  단점: 수학이 어렵고 하기 힘들다.

- 내가 지금 공부를 해야 하는 이유를 차례대로 정리해 보세요.

  ① 장래 희망을 위해서

  ② 돈을 잘 벌기 위해서

  ③ 엄마 아빠에게 용돈 드리려고

- 공부가 힘들 때는 스스로를 격려하면서 마음을 다잡고 하는 편이다. (○,×)

  그럴 때도 있고 아닐 때도 있다.

- 나의 공부 방해의 요소는 무엇인가요? 동생

- 공부 방해 원인을 개선하기 위한 가장 좋은 방법은 무엇일까요?

  동생이 내 방에 못 오게 엄마 아빠가 돌봐 준다.

- 자신 있거나 수업 중에 집중이 잘되고 재미있는 과목은 무엇입니까? 체육

- 성적 향상이 어려운 과목 2가지만 적어 주세요. 사회,수학

- 나는 커서 판사나 파티쉐 이(가) 되고 싶다.

- 나의 소원이 마음대로 이루어진다면?

  첫째 소원은 내가 아는 모든 사람이 오래 살기 이다.

  둘째 소원은 돈 많이 벌기 이다.

  셋째 소원은 착하고 잘생긴 사람과 결혼하기 이다.

- 내가 가장 행복한 때는 엄마와 찜질방 갈 때 이다.

- 나는 공부가 재미있기도 하고 어렵기도 하고 힘들기도 한다.

- 나를 가장 화나게 하는 것은 동생 이다.

- 부모님께 제일 바라는 것은 나를 착하게 대해 주는 것, 나만 혼내지 말고
  동생도 혼내 주는 것, 화내지 않는 것.

경희가 질문지를 작성하는 동안 어머니와 상담을 계속하였다.

"어제는 아이가 공부를 어떻게 했나요?"

"네, 제가 가져왔는데요. 한번 보세요. 이걸 해 놓으라고 미리 알려 주고 퇴근 후에 보니까 답이 다 틀린 거예요. 그래서 다시 하라고 했죠."

"그래서 잘했나요?"

"네. 두 번째 할 때는 잘 풀었더라고요."

"그래서 아이에게 뭐라고 말하셨나요?"

"거봐, 잘하네. 잘할 수 있는데 아까는 왜 안 했어? 라고 했죠."

"칭찬을 좀 해 주지 그러셨어요? 어쨌든 열심히 했으니까 다 푼 것 아닌가요?"

"그걸 처음에 잘했으면 두 번째는 안 해도 되잖아요? 화가 나는데 어떻게 칭찬을 해요?"

"네, 심정은 이해가 됩니다. 하지만 아이가 안 하려고 마음먹었으면 아무리 엄마가 시켰어도 안 했을 겁니다. 그러니 그렇게 해 준 것도 고마운 일이죠. 노력한 것도 사실이고요. 다음부터는 그런 기회를 놓치지 말고 즉각 피드백을 해 주세요."

"네, 머리로는 아는데 그게 잘 안 되더라고요."

"맞아요. 쉽지는 않은 것 같아요. 그래도 이제부터는 매일 칭찬 거리를 잘 찾아보세요. 혼낼 일은 금방 보이는데 칭찬 거리는 잘 안 보이죠. 칭찬을 거르는 날이 없도록 해 주세요. 칭찬만 적절하게 잘해도 공부 습관을 잘 만들어 갈 수 있습니다."

잠시 후 경희가 작성한 설문지를 들고 들어왔다. 설문지 내용을 중심으로 이야기를 나누었고, 상담은 경희와 단둘이서 진행하였다. 경희는 공부가 재미있기도 하지만 어렵기도 하고 힘들기도 하다고 말하였다. 부모님이 자신에게 더 많이 관심과 사랑을 표현해 주었으면 하는 바람을 가지고 있었다. 경희는 부모님에 대한 불만도 이야기하였다. 자기도 공부를 잘하고 싶은데 잘 안 되어 답답하다고 하였다.

그런데 상담을 하는 동안 경희는 의자를 빙글 돌리면서 이야기를 하였다. 빙그르 한 번 돌고 말하고 하는 식이었다. 순간 경희 어머니가 아이가 너무 산만하다고 했던 이야기가 생각났다. 너무 자주 도는 바람에 나도 집중을 할 수 없었다.

"경희야, 네가 자꾸 빙글 도니까 내가 말하는 데 집중을 할 수 없는 걸. 도는 횟수를 좀 줄일 수 없을까? 한 5분에 한 번 돌았으면 좋겠는데."

"네, 그럼, 가끔 돌게요."

경희가 더 돌지 않자, 차분히 이야기할 수 있었다.

"어제 푼 수학 문제 있잖아. 엄마가 풀라고 했던 거. 그거 다시 풀어 볼까? 풀 수 있겠어?"

"네, 할 수 있어요."

경희는 열심히 문제를 풀었다. 잠시 생각하기도 하고 지우개로 지우기도 하면서 문제를 다 풀어냈다. 두 문제를 다 맞힌 것이다.

"와, 다 맞았네. 열심히 풀었어, 잘했어. 브라보!"

경희의 얼굴은 금방 환해졌다.

"경희가 푸는 모습을 보니까 생각을 열심히 하더라. 평소에도 문제 풀 때 이렇게 열심히 생각하니?"

"그럴 때도 있고, 대충 할 때도 있어요."

그런데 경희가 문제를 풀고 나서 나한테 물어본 말이 있다. 바로 "맞았어요? 틀렸어요?"였다. 한 문제씩 풀었는데 그때마다 어김없이 물었다. 평소에 혼이 많이 나서 주눅이 들어 있는 것 같았다. 상담을 마치고 어머니께 숙제를 내 주었다.

"경희만 노력해서 될 일은 아닙니다. 엄마에게도 숙제가 나가니까 앞으로 숙제를 잘 해 오세요. 매일 칭찬하고 공감해 주기, 아이의 긍정적 변화 알아차리기입니다. 그런데 욕심이 앞서면 아이의 좋은 변화들이 보이지 않게 됩니다. 칭찬이나 공감 같은 피드백을 못하게 되고, 혼을 내거나 짜증을 내게 됩니다. 엄마가 숙제를 잘 하시면 아이의 변화도 더 빨라질 겁니다. 아빠하고도 잘 공유해 주세요."

그렇게 첫날 상담은 끝이 났다.

경희와의 수업은 매주 1회씩 진행되었다. 1시간 정도 진행되는 수업이지만 경희는 적극적으로 참여하였다. 우선 주간 일지를 작성해 보고 교과서 읽기를 중심으로 수업이 진행되었다. 주간 일지는 처음 하는 거라서 앞으로 매주 수업 시작할 때 먼저 하게 된다고 알려 주었다. 그런 다음 '천천히 읽기 수업(3SR2E)'을 진행하였다.

경희는 학교에서 수업한 부분에 해당하는 사회 교과서의 한 페이지를 천천히 여러 번 읽었다. 읽을 때마다 시간을 쟀다. 경희에게는 '천천히' 읽는 게 제일 중요하다고 알려 주었다.

"경희야, 이 방법은 공부를 잘하게 되는 비법 중의 비법인데 핵심은 천천히 읽는 거야. 그래서 시간을 재서 속도가 어느 정도인지 측정하고 기록을 할 거야."

경희의 읽는 속도를 재 보았다.

[1회: 1분 29초, 2회: 2분 35초, 3회: 3분 15초]

경희의 기록은 점점 좋아졌다. 집중해서 읽는 시간이 길어졌다.

"경희야, 기록이 점점 좋아지네. 여러 번 읽으니까 어때?"

"네, 이해가 잘되고 기억이 잘 나는 것 같아요."

"그래. 그럼, 한번 노트에 적어 볼까?"

경희는 노트에 읽었던 내용을 차분하게 적어 나갔다. 처음인데도 노트를 꽉 채웠다.

"오, 노트를 꽉 채웠는데? 브라보! 충분히 잘 이해를 한 것 같은데, 이거 경희가 한번 설명할 수 있겠어?"

"네, 할 수 있을 것 같아요. 그런데 엄마도 오시라고 해요?"

경희는 엄마에게도 잘하는 자신의 모습을 보여 주고 싶어 하였다.

"응, 오시라고 해."

어머니와 나는 경희의 강의를 듣기 위해 앉았다. 경희는 칠판을 이용해서 차분하게 설명을 해 나갔다. 경희 어머니도 내심 놀라는 눈치였다. 조금 더듬거리기는 했지만 경희는 훌륭하게 설명을 해냈다.

"오우, 잘 들었어요. 설명을 정말 잘하시는군요. 경희 선생님."

이렇게 경희의 강의를 마쳤다.

"경희야, 앞으로 수업은 이렇게 경희가 읽고, 쓰고, 설명하는 방식으로 진행될 거야. 괜찮지?"

"네, 재미있네요."

먼 거리를 오가는 일이었지만 경희는 힘든 기색 없이 꾸준히 참여하였다. 두 번째 수업도 비슷한 순서로 진행하였는데, 주간 일지를 쓰고, 읽기 수업을 하였다. 경희는 재미있게 수업에 참여하였다.

경희의 세 번째 수업 시간.

먼저 주간 일지를 작성하였다. 주간 일지는 일주일을 스스로 돌아보게 하는 성찰 일지 성격으로, 공부 습관을 잡아 주는 역할도 할 수 있게 구성되었다.

성찰 일지를 보니 열심히 노력하는 경희의 모습을 느낄 수 있었다. 특히 눈에 띄는 대목이 있었는데 바로 독서 활동이었다. 경희 어머니는 경희가 평소에 책을 안 읽고, 형제 가운데 가장 책을 안 읽어서 걱정이라고 하였다. 그런데 일주일 동안 책을 여러 권을 읽은 것이다. 어떻게 된 건지 물어보았다.

"경희야, 엄마한테 듣기로는 경희가 책을 잘 안 읽는다고 하던데, 지난주에 책을 많이 읽었네. 어떻게 된 건지 이야기 좀 들어 볼까?"

"그러니까 예전에는 책이 재미없어서 안 읽었는데, 집에 있는 책도 여기서 읽는 것처럼 천천히 읽으니까 재미가 있더라고요."

많은 분들이 독서 따로 공부 따로 진행하는 것을 볼 수 있다. 하지만 공부하는 방식을 바꾸면 저절로 독서 습관도 바로잡히게 된다. 교과서 (참고서 포함) '천천히 읽는' 방법을 반복하면 자연스럽게 재미와 흥미를 느끼게 되고 학습 동기가 올라가게 된다.

〈꿈을 이루는 주간 성찰 일지〉

○○○○년 ○월 ○일

지난주 활동 되돌아보기	
지난 한 주 동안 잘한 일이나 활동은 무엇입니까?	학습면: 선생님께 꾸중을 듣지 않고 숙제를 잘해 갔다. 활동면: 단소를 조금 더 잘 불게 되었다. 기타:
지난주 수업 집중도는?	1. 수업 시간에 암기와 이해를 병행하였습니까?(상, **중**, 하) 2. 중요한 내용과 모르는 내용을 표시하였습니까?(○, △, ×) 3. 수업이 끝난 후 잠시 기억해 보고 생각해 보았습니까? (○, △, ×)
수업 끝난 후 어떤 공부를 하였습니까?	1. 그날 배운 수업 내용을 잘 복습하고 충분히 이해하고 중요한 내용을 외웠습니까? (○, △, ×) 2. 잠자리 들기 전(10~30분 전)에는 하루를 되돌아보고, 그날 공부한 내용을 잠시 생각해 보았습니까? (○, △, ×) 3. 매일 꾸준히 공부한 과목은 무엇입니까? **없음**
독서 활동	〈사라진 추장의 딸〉, 〈골든 벨〉, 〈슬기로운 처녀〉, 〈황금의 실〉 등등
한 주 동안 자발적으로 실천하였나요?	**복습을 좀 더 철저히 해야겠다.**
지난주 나의 활동 평가	꿈과 목표를 위한 나의 노력은 (A, **B**, C, D, F) 학점이다.
주간 계획	
다음 주에 꼭 해야 하는 중요한 공부	수학
나에게 한마디 (다짐, 계획, 소망)	**앞으로 복습을 열심히 해 보겠다.**

매일 아침에 일어나면 "내가 할 수 있는 일이 뭘까?"라고 생각했다.
그리고 저녁에 잠자리에 들 때는 "내가 그것을 했는가?"라고 자문했다.
나는 그렇게 하루를 시작하고 하루를 마무리 지었다.
- 벤자민 프랭클린

'천천히 교과서 읽기' 시간에도 교과서를 반복해서 천천히 읽었다. 기록이 많이 좋아졌다.

[1회: 4분 58초, 2회: 6분 15초, 3회: 7분 20초]

3회 시간을 기록하더니 경희가 거기에 ☆를 하였다.

"별표는 무슨 의미지?"

"네, 제 최고 기록이에요."

경희는 활짝 웃으면서 말하였다. 이 방법이 집중이 잘 되어서 계속하겠다고 하였다. 경희와의 수업은 금방 지나갔다. 산만하던 버릇도 없어지고 점점 차분해져 갔다. 경희 어머니도 그런 변화가 놀랍다고 하였다.

4회차, 5회차 수업도 비슷하게 지나갔다. 5회차 수업쯤 되어서는 설명할 때 시선 처리가 자연스럽고 목소리도 차분해서 듣기에 아주 편하였다. 경희 어머니는 아직도 집에서 칭찬하거나 공감하는 것이 어렵지만, 화내거나 짜증 내는 일은 없어졌다고 하였다. 그것도 많이 발전한 모습이고 노력한 것이라 알려 드렸다. 그런데 어머니와 대화 중 새로운 사실을 알게 되었다.

"경희가 며칠 전에 친구를 집에 데려왔어요. 회사에서 그 이야기를 듣고 화가 좀 났어요. 놀고 어지럽힐 것을 생각하니 답답해지더라고요. 숙제도 안 할 게 뻔하고요. 그래서 친구를 안 데려왔으면 하고 바랐는데, 경희가 친구를 데려온 거죠. 불안한 마음에 서둘러 집에 왔어요. 아이들은 경희 방에 있더라고요. 방 안에서 뭐하나 하고 들여다봤어요. 그런데 놀랍게도 아이들이 돌아가면서 여기서 한 것처럼 학교에서 배운 것을 설명하더라고요. 그래서 제가 너무 걱정, 불안이 많구나 하는 생각이 들었고, 아이를 믿지 못한 제 자신을 반성했습니다."

경희는 그렇게 점점 발전해 갔다. 경희 엄마도 아이를 긍정적으로 바라보고 긍정 피드백을 해 주기 위해 노력하셨다. 시간이 지나면서 모두 긍정적인 변화와 발전을 볼 수 있었다. 나는 경희에게 공부에 대해 새로 가르쳐 주거나 설명한 것은 없었다. 경희가 스스로 해 나갈 수 있도록 안내하고 피드백을 하는 데 주력하였다.

아이들의 공부를 지도할 때 가장 중요한 것은 직접적인 가르침을 최대한 줄이는 것이다. 스스로 배울 수 있는데 자꾸 가르치려고 하면 아이의 주도성과 학습 의욕은 점점 사라지게 된다. 따라서 아이의 학습을 지도하는 분들은 어떻게 하면 덜 가르치고 더 많이 배우게 할 수 있을까를 고민해야 한다. 부모와 자녀, 교사와 학생 사이에 갈등이 생기는 것은 더 많이 가르쳐 주려는 욕심에서 비롯된다.

'천천히 읽기(3SR2E)'는 아이가 책의 내용을 느끼고 체험하게 함으로써 학습의 의지를 극대화시키는 최고의 방법이다. 또 자기를 돌아보게 하는 '주간 성찰 일지'는 자기를 평가하게 함으로써 스스로 피드백하는 방법을 알게 하고, 주도성을 기르는 데 적합한 학습코칭 도구이다.

학습코칭 포인트

1. 가르침(teaching)을 최대한 줄이고 동기 부여와 피드백에 주력해야 한다.
2. 천천히 읽을 때 재미와 의미를 알게 된다.
3. 재미와 흥미는 배움의 의지를 극대화시킨다.

07

5SR2E와
자기 경영 일지

중3 용욱이의 성적은 중상위권이었는데, 학년이 올라갈수록 성적이 떨어져서 부모님이 걱정이 많았다. 학원이나 과외 등 많은 것을 하고 있지만 효과가 없어서 고민하다가 코칭을 의뢰하게 되었다고 하였다.

"아이에게 공부할 의욕을 넣어 주고, 공부 방법을 알려 줄 분이 필요해요."

어머니는 간절한 마음을 담아 이렇게 이야기하였다. 먼저 간단한 설문을 하였다.

용욱이는 자신의 단점을 "수줍음이 많고, 표현을 어려워하는 것"이라고 적었고, 장점에는 "책 읽기는 좋아한다"라고 적었다. 용욱이와 장단점에 관해 이야기한 다음, 목표에 관한 이야기로 넘어갔다.

"목표가 없으면 다른 사람이 내 인생에 관여하게 되고, 심하면 남의 목표를 위해 살아야 해. 하지만 목표가 있으면 나만의 목표를 위해 살아갈 수 있지. 엄마가 공부에 대해 관여하셔서 기분이 별로 좋지 않지?"

용욱이는 "네." 하면서 고개를 끄덕인다.

"엄마가 보기에 네가 목표가 분명하지 않다고 생각하시니까 자꾸 이거 해라, 저거 해라 하시는 게 아닐까? 네가 분명하게 너의 목표를 가지고 너의 공부를 해 나간다면 엄마도 너를 적극적으로 돕게 되실 거야. 알겠지?"

이렇게 말했더니 용욱이는 고개를 끄덕이며 눈을 반짝인다.

두 번째 만남

2차 코칭 때부터는 본격적으로 수업을 진행하였다. 우선 지난 만남 때 이야기한 목표에 대해서 좀 더 깊은 대화를 나누었다. 자신이 진학하고 싶은 대학과 학과에 대해서도 의견을 주고받았다. 용욱이는 1학기 기말고사 성적이 떨어진 것을 더 올리고 싶다고 하였다. 그래서 구체적인 점수를 생각해 보기로 하였다.

"2학기에 얻고 싶은 성적에 대해 생각해 보자. 목표를 세울 때는 구체적이면서도 달성하기 어려운 약간 도전적인 목표를 세우는 게 좋아. 자신의 마음과 정신을 온전히 집중할 수 있는 목표를 정하는 게 중요해."

그랬더니 겸연쩍게 웃는다.

용욱이는 학습 의욕이 충분하다고 판단 되었기 때문에 바로 〈읽기 연습-5SR2E〉에 들어갔다.

"무슨 과목이 제일 힘들지?"

"역사요. 역사가 제일 힘들어요. 외울 것도 많고……."

용욱이는 역사가 많이 어렵다고 하였다. 그래서 교과서로 2학기에 배울 내용을 미리 읽어 나가기로 하였다. 교과서 한 단원을 한 절씩 천천히 읽게 하였고, 이렇게 5번을 반복한 후 책을 덮고 노트에 적게 하였다. 용욱이는 독서를 좋아하는 편이라서 5회독(5SR2E)을 진행하는 데 큰 어려움은 없었다. 독서량이 부족한 학생은 5회독을 어려워하는 경우도 있는데, 그럴 때는 3회독 정도로 줄여서 진행한다.

책을 읽던 용욱이가 처음 보는 단어라며 질문을 해 왔다.

"선생님, 그런데 전제 정치가 뭐예요?"

"음, 우선 네가 대충 뜻을 짐작해 봐. 그리고 계속 읽어 나가도록 해. 정확한 뜻은 이따가 사전에서 찾아보자. 그러면 네 짐작이 맞는지 알 수 있겠지."

매번 읽을 때마다 읽은 시간을 적게 하였다.

[1회: 4분 20초, 2회: 10분 05초, 3회: 2분 20초, 4회: 3분 10초, 5회: 2분 30초]

시간을 합쳐 보니 약 23분 정도 읽었다. 역사 교과서를 이렇게 집중해서 오랫동안 읽어 보는 것은 처음이라고 하였다. 책을 읽은 다음 읽은 내용을 연습장에 적어 보라고 하였다.

"자, 이제 지금까지 읽은 내용을 최대한 기억해서 적어 보자. 오늘은 처음이라 잘 기억이 나지 않을 수도 있어. 하지만 열심히 생각해 보는 게 중요해. 공부는 입력뿐만 아니라 출력도 중요한 거거든."

용욱이는 연습장에 여섯 줄을 적었다. 생각보다 기억이 잘 안 나서 답답한 표정이었다.

"막상 적으려고 하니까 기억 안 나는 게 있었지?"

"네, 책을 막 보고 싶더라고요."

"그래? 그럼, 지금 봐봐. 뭐가 기억이 안 났는지."

책을 보더니, "확인했어요." 한다.

"지금 본 내용은 잘 잊어버리지 않을 거야. 오늘은 처음이라 출력하는 연습이 잘 안 되어서 힘들었겠지만 시간이 지나면 더 잘 될 거야.

이런 방식으로 읽는 것은 어떤 것 같아? 괜찮은 것 같아?"

"네, 아주 좋았어요."

"우리 일주일 뒤에나 만나는데, 하루에 한 절(소목차별)씩 정리해 보면 어떨까? 이건 일종의 숙제야."

"네, 해 볼게요.(미소)"

"읽은 시간도 잘 기록해 놓아야 해. 그리고 연습장에 쓴 내용은 나중에 책으로 엮어 줄 테니까 잘 기록하고."

용욱이가 고개를 끄덕이며 그렇게 하겠다고 한다.

"그동안 엄마가 공부에 많이 간섭을 하셨니?"

"네, 아~~주 많이요."

"음, 이제 엄마가 간섭을 많이 안 하실거야. 네가 주도적으로 해 봐."

〈5SR2E〉

- SR: Slow Reading, E: Expressing in writing and in speaking
- 5SR2E: 5번 천천히 읽고, 2번 표현하기

구분	방법	읽은 시간
1SR	내용을 이해(생각)하며 천천히 읽는다.	
2SR	중요한 내용에 밑줄을 그으며 천천히 읽는다.	
3SR	내일 선생님이 되어서 친구들을 가르친다고 생각하며 천천히 읽는다.	
1E	내가 시험문제를 출제한다면 무엇을 어떻게 출제할까 생각하면서 천천히 읽는다.	
2E	중요한 내용을 외우면서 읽는다. '다 읽은 다음 책을 덮고 기억해야지'라고 생각하면서 천천히 읽는다.	

- 〈3SR2E〉를 확실하게 연습한 중·고등학생은 5SR2E에 도전하여 훈련한다.
- 초등학생은 특별한 경우를 제외하고는 3SR2E만 훈련하도록 한다.
- 모르는 낱말이 많으면 1SR 전에 낱말의 뜻을 찾아서 적는다.
- 한 번 읽을 때마다 읽은 시간을 재서 기록한다.
- 횟수가 늘어날 때마다 더 천천히 읽도록 노력한다.
- 하루 1회, 일주일에 2회 이상 실시한다.

3~4차 코칭

3차 코칭 때 확인해 보니 용욱이는 5회독 읽기 숙제를 3일만 하고 말았다. 조금 힘들었던 모양이다. 다시금 '읽고 적어 보기'의 중요성을 이야기하고 따로 노트를 만들어 해 보라고 하였다. 그리고 다시 한번 2차 때 했던 방식으로 읽기 훈련을 실시하였다.

4차 코칭.

이번에는 노트 정리를 정말 깔끔하게 해 놓았다. 엄마한테 들으니 노트 정리하느라 많이 애썼다고 하였다. 잘 소화하고 있는지 확인하기 위하여 소목차 하나를 선택하여 설명해 보라고 하였다. 그랬더니 용욱이가 많이 당황하는 모습이다. 준비할 수 있도록 5분 정도의 시간을 주었다. 발표는 좀 서툴렀지만, 그런대로 일목요연하게 하였다. 책 읽기 훈련을 두세 번 더 해야 할 것 같다는 생각이 들었다.

용욱이는 수학 과외를 하면서 수학에 치중하다 보니, 상대적으로 다른 과목이 부족한 상황이었다. 특히 영어를 어떻게 하는 게 좋을지 물어 왔다. 그래서 영어 교과서를 한번 예습으로 공부해 보자고 하였다. 교과서 7과의 본문을 역사 교과서 읽듯이 슬로 리딩으로 읽어 보라고 하였더니, 10분이 조금 넘게 걸렸다.

"선생님, 영어를 이렇게 읽어 보는 건 처음이에요. 이렇게 읽으니까 정말 아이디어도 많이 떠오르고 이해도 훨씬 잘 되네요."

"예전에는 어떻게 했지?"

"그냥 문장을 쭉 읽었어요. 그냥 문자를 읽어 나가는 거죠. '의미 파악 없이 쭉 읽어 나가고 해석은 나중에 자세히 하자.' 하는 마음으로 읽었어요. 한 번 읽은 다음 다시 처음으로 돌아와 해석을 했어요. 그런데 천천히 읽으니까 이해도 잘 되고 기억도 잘 나는데요. 신기해요."

"그럼, 매일 10분을 투자할 수 있겠어?"

"네, 7과가 익숙해지면 8과로 넘어갈게요."

"한 가지 주의해야 할 것은 8과를 읽기 전에 먼저 7과를 읽어야 하는 거야."

"근데 그렇게 하면 시간이 많이 걸릴 텐데요."

"8과는 슬로 리딩으로 읽고 7과는 평소에 읽듯이 쭉쭉 읽어도 돼. 부담 없이 편하게. 반복이 되어서 빠르게 읽어도 눈에 잘 들어올 거야."

"그렇게 하면 7과를 잊어 먹지 않고 잘 기억할 수 있겠네요."

"오우, 브라보. 이해를 잘 했구나."

자기 경영 일지와 자연스러운 공부

영어와 역사 슬로 리딩이 잘 진행되어서 5회차부터는 〈자기 경영 일지〉를 설명하고 써 나가게 하였다. 자기 경영 일지는 하루의 공부 계획과 평가로 이루어져 있는데, 스스로 계획하고 피드백하고 발전해 나가도록 유도하는 데 아주 효과적이기 때문에 자주 활용하고 있다.

사실 '천천히 제대로 읽기'와 '자기 경영 일지'만 잘 활용하면 학습코칭에서는 다른 방법이 굳이 필요하지 않다. 일지를 쓰면서 용욱이는 공부 시간이 더 늘어났다. 자신의 목표에 대해서 더 많이 생각하게 되었고, 목표를 이루기 위한 세부 계획을 세우고 평가하는 습관을 갖게 되었다.

일지를 쓰면서부터 용욱이는 점점 더 체계적인 공부를 하게 되었다. 계획했던 대로 4개월 과정을 마치고 혼자서 공부를 해 나갈 수 있을 정도가 되었다.

용욱이는 엄마와의 갈등으로 자신에게 맞는 공부 방법을 찾지 못하였다. 엄마가 "이렇게 해라 저렇게 해라." 지시하고, 목표도 정해 주었다. 그러다 보니 용욱이는 자신의 속도와 수준에 맞는 공부를 하지 못하고 엄마와 대화도 하지 않으려 하였다. 옆집 아이의 속도와 수준에 맞는 공부를 하게 되면 당연히 자신만의 공부 스타일을 만들기 어렵다. 공부는 자기를 찾는 과정이기도 하다. 자신에게 맞는 자연스러운 공부를 할 수 있도록 안내해 주어야 한다.

〈자기 경영 일지〉

날짜	월 일 요일		
일어난 시각	:	잠자리에 든 시각	:
과목	To do list 나의 꿈과 목표를 위해 오늘 할 일		결과 (○,△,×)
학습 만족도	오늘 나의 태도와 학습 만족도는 100점 만점에 ( ) 점		
잘한 일 & 반성할 일			

오늘도 나의 〈목표〉에 대해 자주 생각해 보았나요?
(상 / 중 / 하)

17살 때 이런 경구를 읽었습니다.
"매일매일을 인생의 마지막 날처럼 산다면
언젠가는 당신의 인생이 옳은 삶이 될 것이다."
이 글은 감명을 주었고 저는 그 이후 33년간
매일 아침 거울을 보면서 제 자신에게 질문을 던졌습니다.
"오늘이 내 인생 마지막 날이라면 오늘 하려는 일을 할 것인가?"

- 스티브 잡스

"태어나서 처음으로 100점 맞았어요"

고등학교에 진학하면 아이들은 대학 진학을 위해 공부에 매진한다. 다들 열심히 하기 때문에 어지간해서는 성적이 오르지 않는다. 더 떨어지는 경우도 많다. 그러다 학습을 포기하고 무기력해지는 학생도 있다.

고3이 되는 태우도 그런 경우였다. 태우는 힘든 학원을 포기하고 혼자서 공부를 해 보려고 했으나 뜻대로 되지 않았고, 성적도 하위권이라 무기력한 생활을 하고 있었다. 겨울 방학에 나와 인연이 되어 본격적으로 코칭을 하게 되었다.

예상했던 대로 태우는 읽기가 제대로 되지 않았다. 그래서 '3SR2E 공부법'을 알려 주고 자주 훈련을 하였다. 처음에는 힘들어했으나 스스로 해 보겠다는 의지가 강해서 순조롭게 진행되었다. 고3 과정은 난도가 높아서 3번 읽는 것으로는 내용을 제대로 소화할 수가 없었다. 그래서 5SR2E로 읽기 횟수를 늘렸다. 그러자 내용이 더 잘 이해된다고 하였다. 태우는 읽기 횟수를 반복할수록 이해가 잘 되는 것을 확인하고, 잘 이해되지 않는 부분은 한두 번 더 읽고, 노트에 기억하여 적어 보기도 하였다. 3SR2E를 두 번 정도 반복하는 방식으로 수업이 진행되었다.

태우는 코칭 수업 시간에는 온전히 공부에 집중할 수 있었다. 그리고 1학기 기말 내신 시험에서 사회 탐구에서 100점을 맞아 공부에 대한 자신감을 온전히 찾을 수 있었다.

"선생님, 저 태어나서 처음으로 100점을 맞았습니다."

태우는 감격스러워하였다. 고3이라는 늦은 시기에 공부를 시작하였지만 포기하지 않고 온전히 몰입한 결과 값진 성과를 얻을 수 있었다. 태우는 그다음 시험에서도 뚜렷한 성장의 결과를 보였다. 고3이기는 했지만 학교 진도에 맞추어 천천히 제대로 공부하는 방식으로 꾸준히 한 결과 공부의 어려움을 잘 극복할 수 있었다.

'3SR2E 공부법'을 아이의 상황과 학습 난이도에 맞추어 잘 적용하면 공부의 어려움을 극복하고 스스로 공부법을 터득하여 공부 습관을 정착시킬 수 있다.

08

시험
되돌아보기

최상위권 학생과 일반 학생은 어떤 차이점이 있을까? 중하위권 학생들은 대부분 '벼락치기'식으로 시험 공부를 한다. 시험 범위를 미처 제대로 다 공부하지도 못하고 시간에 쫓겨 허둥지둥 문제집만 풀다 시험을 치르기 일쑤이다. 그러다 보니 제대로 개념을 이해하지 못했거나, 단순하게 암기한 덕분에 핵심을 놓치거나, 아는 문제도 실수로 틀릴 때가 많다. 시험이 2~3주 앞으로 다가와도 아직 시간이 많다며 여유를 부리다가 시간에 쫓겨 벼락치기를 하는 악순환을 거듭한다. 이 패턴을 시험 때마다 반복한다.

이러한 학생에게 부모나 코치는 어떻게 코칭해 주는 것이 좋을까? 앞에서 이야기한 여러 가지 코칭 스킬을 활용해서 좀 더 시험 준비를 잘해 나갈 수 있도록 이끌어 주어야 한다.

질문을 통한 동기 강화

'동기 강화 상담' 분야의 선구적 권위자인 예일 대학교의 마이클 판탤론(Micheal Pantalon) 교수는 동기 강화 상담을 할 때 사람들을 압박하거나, 벌을 주거나, 외적 보상을 주는 방법이 아닌, 질문을 통해 상대방의 내적 동기를 자극하여 행동의 변화를 일으키도록 이끈다. 그는 특히 움직이려고 하지 않는 사람에게는 즉각적인 대답을 요구하는 질문이 그다지 효력이 없다는 사실을 발견하고, 그 대신 생각하게 하는 질문을 하면 훨씬 더 동기 부여를 잘할 수 있다고 주장한다.

예를 들어, 기말 시험이 다가오는데도 아이가 능장을 부리거나, 공부하라고 이야기를 해도 외면하거나 못 들은 척하면서 공부를 미룬다면 어떻게 해야 할까?

판탤론은 "얘, 시험이 얼마 안 남았는데 빨리 공부해야지. 시험 공부 얼마나 했니? 시간이 없는데 어서 좀 해라."라고 하지 말고, 다음처럼 하라고 권한다.

첫 번째 질문: 시험 준비가 전혀 안 된 게 1이고 완벽하게 준비된 게 10이라고 했을 때, 1부터 10 중에서 너는 어디에 해당하니?

아이가 1부터 10 사이에서 본인이 생각하는 숫자를 이야기한다. 그러면 다음 질문을 한다.

두 번째 질문: 그보다 더 낮은 숫자를 고르지 않은 이유가 뭐지?

하기 싫어하는 사람에게는 '예 또는 아니오' 같은 양자택일식 질문보다는, 1부터 10까지 중에서 자기가 속한 부분의 숫자를 말하라고 한다. 그러면 '아니오.'라고 답을 하게 됨으로써 전혀 의지가 없는 것으로 파악될 수 있는 사람도 낮은 수준의 숫자를 말하게 되어 조금은 의지가 있다는 사실이 발견될 수 있다.

또 한 가지 중요한 사실은 아이가 4가 아니라 5를 선택한 이유를 설명하면서 어느 순간 자신이 왜 공부하고 싶은지, 앞으로 어떻게 할 계획인지 적극적으로 설명하게 되고, 이를 행동으로 옮길 가능성이 커진다는 것이다.

따라서 아이에게 직접적인 지시로 시험 공부를 유도할 것이 아니라, 적절한 질문을 통해 스스로 행동을 변화시킬 수 있도록 코칭해 주어야 한다.

시험이 끝나고 배우는 것들

서진이는 중간고사를 망치는 바람에 기분이 영 좋지 않다. 올해 첫 시험인지라 나름대로 긴장도 하고 준비도 한다고 했는데 계획만큼 공부 시간이나 학습량이 따라주지 못하였다. 탐구 과목은 충분히 공부하지 못하고 시험을 봐야 했다. 모르는 것과 아는 것이 뒤죽박죽으로 섞여서 더 헷갈리는 지경까지 이르고 말았다. 도대체 무엇이 문제였던 것일까? 서진이에게 물었다.

"시험을 준비하면서 뭐가 부족했던 거 같니?"

"일단, 생각보다 준비 시간이 부족했어요."

"얼마 정도 준비했는데?"

"2주 전부터 준비했는데요. 제대로 공부하기에는 시간이 많이 부족했어요."

"그럼, 다음에는 어떻게 계획하는 게 좋을까?"

"최소 3주나 4주 전부터는 준비해야겠어요."

시험과 평가는 학습을 촉진하는 좋은 촉매제이다. 평소에 시험을 전제로 예습과 복습을 꾸준히 해 나간다면, 시험에 임박하여 당황하는 일은 없을 것이다.

시험에서 지속적으로 좋은 성과를 얻기 위해서는 반드시 시험 후 '피드백(feedback)'을 거쳐야 한다. 피드백은 자기의 강점과 약점을 파악하고, 이를 효과적으로 개선하는 방법을 알려 주기 때문이다. 시험이 끝난 뒤 실망감으로 공부할 의욕을 잃은 학생이라면, 자신을 발전시키는 피드백 5단계에 따라 다음의 질문을 스스로 던져 보게 하자.

첫째, 지난 시험에서 성적이 낮은 과목의 요인은?

'이번 시험에서 유독 영어 점수가 떨어진 이유는 무엇인가?', '지난 시험과 비교해 시험이 전체적으로 어려웠는가?', '국어가 예상보다 어렵게 출제된 이유는 무엇일까?' 등의 질문에 답하며 시험 전반에 대한 자신의 생각을 구체적으로 글로 적는다. 이렇게 하면 시험을 치르면서 잘못했던 점과 개선할 점을 찾을 수 있다. 시험에 대한 느낌을 머릿속에만 떠올리지 말고, 지난번 시험과 비교해 어떤 부분에서 잘못했고 잘했는지 구체적으로 적는다.

둘째, 시험 계획은 적절했는가?

'시험 계획을 체계적으로 잘 세웠는지', '공부한 분량은 충분했는지', '계획한 대로 실천했는지' 등을 묻는다. 계획 단계에서부터 문제가 있었다면 시험 준비 과정이 제대로 진행될 수 없다. 이 물음의 답을 토대로 다음 시험을 위한 학습 계획을 세운다.

셋째, 계획대로 잘 실천했는가?

시험을 준비하는 기간뿐 아니라 시험을 치르는 기간에 어떻게 생활했는지 뒤돌아본다. 휴대폰, TV, 컴퓨터 등 공부를 방해하는 유혹거리를 어떻게 조절했는지 집중적으로 점검한다. 지난 시험을 준비하면서 TV 드라마 때문에 시간을 낭비했다면, 이번 시험 기간에 똑같은 잘못을 반복하지 않도록 대비책을 세운다. 예를 들어, '만약에 시험 기간에 TV 드라마의 유혹이 생기면 ○○○ 하자' 등의 대안을 미리 준비해 둔다.

넷째, 취약 과목을 어떻게 극복할 것인가?

이전 시험에서 결과가 안 좋았던 과목을 확인한다. 취약 과목의 난이도는 어땠는지, 어떤 문제에서 헤맸는지를 꼼꼼히 살핀다. 취약 과목은 일반적으로 학습 시간을 좀 더 늘려야 한다. 평소에 어느 정도로 시간을 더 늘릴지 생각해 본다.

다섯째, 다음 시험을 위한 목표와 지금부터의 학습 계획을 세운다.

이전 시험에 대한 반성을 토대로 다음 시험의 목표를 설정한다. 어떤 부분을 가장 시급히 고쳐야 하는지, 더 나은 목표를 위해 내가 할 수 있는 일은 무엇인지를 학습 계획표에 구체적으로 적는다. 목표와 계획이 확실하면 수업 시간에 집중도도 높아진다.

위와 같은 방법을 다른 식으로 응용할 수도 있다.

예를 들어, 시험이 끝나자마자 이번 시험에서 자신의 공부 전략, 자신이 범했던 실수, 고쳐야 할 점, 다음 시험을 위한 계획 등과 같은 시험에 관한 성찰을 백지에 에세이 형식으로 쓰도록 한다. 그리고 그 종이를 보관하고 있다가 다음 시험을 보기 전에 학생들에게 돌려 주고 다시 검토하도록 한다. 그러면 학생들은 지난 시험 후에 자신이 가졌던 생각을 돌이켜 보면서 다음 시험을 준비하고, 새로운 시도와 전략을 사용하게 된다.

또 코치가 〈시험 되돌아보기〉 설문지를 나눠 주고 학생이 기록하게 하는 것도 방법이 될 수 있다.

〈시험 되돌아보기〉

1. 이번 시험에서 가장 만족스러운 결과가 나온 과목은 무엇입니까?

2. 시험 준비는 충분하였나요? 부족하였나요?

3. 시험을 준비하면서 잘한 일은 무엇입니까?

4. 시험을 준비하면서 부족했던 점은 무엇입니까?

5. 시험 시간에 긴장하거나 불안하지는 않았습니까?

6. 목표와 계획은 적당했다고 생각하세요? 무리한 목표를 세우지는 않았나 요? 다음 시험에는 어느 정도의 목표가 적당하다고 생각하세요?

7. 다음 시험에 꼭 좋은 성적을 받고 싶은 과목은 무엇입니까?

8. 시험 끝나고 틀린 문제와 잘 모르는 문제에 대해서 이유를 살펴보고 확 실하게 알고 넘어갔나요? 다음 시험에 똑같은 문제가 나온다면 맞출 수 있나요?

9. 다음 시험을 위해서 평소에 어떤 방식으로 공부하는 것이 좋을까요?

　운동선수의 꿈을 안고 중학교에서 열심히 훈련하며 생활하던 영춘이는 2학년이 되자 시험 결과를 보고 많이 놀랐다. 최하위권의 성적이 나온 것이다. 1학년 때는 자유학년제로 성적에 대해 별 고민 없이 열심히 훈련하였다. 물론 중학교 공부가 어려웠고 학교 수업을 따라가기도 힘들었다. 하지만 2학년이 되어서 최하위권의 성적을 받고는 더는 안 되겠다는 생각에 학원에 등록하였다. 그러나 기초가 너무 부족한 나머지 학원 수업도 따라가기가 힘들었다. 시험 기간에는 부모님도 공부를 도와주었지만 갈등만 쌓이고 사이가 안 좋아졌다. 어디서부터 어떻게 문제를 풀어가야 할지 막막하였다.

　영춘이 부모님은 나에게 상담을 요청하였고, 2학기 시작할 즈음에 코칭을 시작하였다. 영춘이는 운동선수이기 때문에 운동이 우선이고 그다음이 공부였다. 그래서 코칭하는 시간에만 집중해서 공부할 수 있도록 이끌어 주었다. 코칭은 일주일에 두 번 진행하였고, 영춘이는 코칭 시간 만큼은 열심히 하였다.

첫 수업에서 국어 교과서를 읽어 보게 하였다. 그런데 모르는 단어가 많아서 영춘이는 계속 질문을 하였고, 나는 인터넷을 검색해서 단어의 뜻을 찾아 책에 메모하도록 하였다. 영춘이는 책을 많이 안 읽어서 기본적인 어휘도 소화하지 못하고 있었다. 코로나로 인해 비대면 수업이 늘어나면서 공부에 대한 집중도도 더 떨어지고 학습 의욕도 많이 하락한 상황이었다.

코칭 수업은 국어와 영어 교과서로 진행하였다. 국어 교과서를 가지고 '3SR2E'로 읽기 훈련을 진행한 다음 영어 교과서에 적용하였다. 교과서의 읽기 횟수가 늘어나면서 영춘이에게 느낌을 물었더니, 반복해서 읽을수록 내용이 잘 이해되고 기억이 잘 난다고 하였다. 그것은 영어 교과서를 할 때도 마찬가지였다. 예전에는 영어 교과서를 천천히 읽지 않는데, 천천히 읽을수록 내용이 확실하게 잘 이해된다고 하였다.

영춘이가 코칭 방식에 만족하고 공부를 잘하고 싶은 의욕이 생기면서 코칭 수업은 큰 어려움 없이 진행할 수 있었다. 한 가지 아쉬운 점은 운동선수라 매일 훈련하기 때문에 혼자만의 공부 시간을 많이 갖지 못한다는 것이었다. 하지만 그것은 어찌 할 수 없는 일이었기 때문에 코칭 시간에 집중해서 잘한다면, 학교 수업 시간을 효과적으로 활용할 수 있으리라 기대하였다. 따로 숙제도 내 주지 않았다.

기대했던 대로 코칭 수업이 늘어나면서 학교 수업에서 집중도 잘하고, 수업 시간을 좀 더 효과적으로 활용할 수 있게 되었다. 그렇게 몇 달이 흘러 또 학교에서 시험을 보게 되었다. 영춘이는 시험이 끝나고 "선생님, 저 영어 100점 맞았어요. 다른 과목도 많이 올랐고요."라며 환하게 웃었다.

아이들이 공부를 잘하게 하려면 제대로 된 방법으로 기초부터 탄탄하게 익히도록 도와주어야 한다. 그렇지 않고 급한 마음에 이런저런 방법을 동원해서 빨리 결과를 얻으려 하면, 아이는 어떻게 공부를 해야 할지 막막하기만 하고 좌절하기 마련이다.

그동안 많은 학생에게 '3SR2E' 공부법을 지도해 본 결과, 예외 없이 학습의 동기가 향상되고 공부의 중요한 기술을 스스로 익히는 것을 볼 수 있었다. 많이 가르쳐야 공부를 잘할 수 있다는 믿음은 거짓 신화에 불과하다. 요즘은 강의가 넘쳐난다. 하지만 강의를 많이 듣는 것보다 제대로 잘 읽어 낼 수 있는 능력이 자기주도학습으로 가는 첩경임을 알아야 한다.

학습 동기가 지속해서 유지되려면 공부가 재미있어야 한다. 흥미와 재미는 내용을 이해하고 알아 가는 체험이 늘어남으로써 가능하다. 천천히 제대로 읽는 공부 방법을 익힌다면 아이들이 공부에 흥미를 느끼는 동시에 학습의 기술을 익혀, 시나브로 자기주도학습자로 나아갈 수 있을 것이다.

PROGRAM

: 행복한 공부 발전소 '자기주도학습 코칭'

1. 학생들을 위한 '자기주도학습' 특강

'자기주도학습' 수업은 학생들이 자기 주도적 공부 습관을 배우고 기르는 시간입니다. 강의를 통해 학습에 대한 인식과 관점이 바뀌면 새로운 눈이 열립니다. 학습 동기부터 학습의 기술까지 구체적인 사례 중심으로 진행합니다. 학생들이 자기주도학습에 대해 새롭게 눈뜨는 기회를 제공합니다.

2. 학부모 대상 자녀 교육 특강

변화하는 시대에 맞는 자녀 교육 방법은 무엇일까요? 미래를 준비하고 공부의 주인이 되는 자기 주도적인 학습 방법은 무엇일까요? 자녀의 올바른 공부 습관 코칭을 위해 꼭 알아야 할 정보와 지식을 전달합니다. 자녀의 잠재력을 최대한 발휘시키기 위한 부모의 역할을 알아보는 소중한 시간입니다.

3. 학습코칭 지도사 [자기주도학습 지도사] 과정

전문적으로 '학습코칭'을 지도하고자 하는 분들을 위한 전문가 과정입니다. 교육 현장에서 학생들의 체계적인 학습코칭에 필요한 이론과 실제 사례를 중심으로 진행됩니다. '집어넣어 주는 것'이 아닌 '끌어내 주는' 코칭 프로그램을 통해 학생들이 세상을 향해 힘차게 나아가도록 이끌어 줍니다.

※ 대상
- 학습코칭 전문가로 활동하고 싶은 분
- 자기주도학습 프로그램을 활용하여 학생들을 체계적으로 지도하고 싶은 분
- 자기주도학습에 맞는 교육법을 찾는 분
- 학생들의 잠재력을 극대화하여 창의력과 문제해결력을 키워 주고 싶은 분

※ 교재
- 《자기주도학습 코칭 매뉴얼》
- 《자기주도학습 코칭 프로그램》

※ 프로그램

구분	주제
1회차	학습코칭의 철학
2회차	학습코칭의 도구
3회차	학습의 열망과 동기 강화
4회차	문해력과 3SR2E 공부법
5회차	학습의 기술
6회차	실전 코칭 1. 동기 강화 프로그램
7회차	실전 코칭 2. 마음과 태도
8회차	실전 코칭 3. 공부 기술과 학습 전략

참고
문헌

《소설처럼》 - 다니엘 페나크, 문학과지성사

《학교의 슬픔》 - 다니엘 페낙, 문학동네

《까모는 어떻게 영어를 잘하게 되었나》 - 다니엘 페낙, 문학과지성사

《거꾸로 교실 거꾸로 공부》 - 정형권, 더메이커

《천천히 제대로 공부법》 - 정형권, 에듀진

《10대를 위한 자기주도학습 실천노트》 - 정형권, 더메이커

〈자녀교육, 멘토에서 길을 찾다〉 - 주간조선, 김민희

《코칭 입문》 - 홍의숙·이희경, 교보문고

《코칭 퀘스천》 - 토니 스톨츠푸스, 동쪽나라

《장군의 경영학》 - 고든 R. 설리번, 창작시대

《청소년 감정코칭》 - 최성애·조벽, 해냄

《자기주도적 공부습관을 길러 주는 학습코칭》 - 전도근, 학지사

《1등을 만드는 읽기 혁명》 - 김창환, 글로세움

《그림으로 읽는 生生 심리학》 - 이소라, 그리고책

《몰입》 - 황농문, 랜덤하우스

《공부하는 힘》 - 황농문, 위즈덤하우스

《놓치고 싶지 않은 나의 꿈 나의 인생》 - 나폴레온 힐, 국일미디어

《도박사의 천공법》 - 도임자, 삼양미디어

《상위 1%만 실천하는 공부의 기술》 - 김동환, 시간과 공간사

《부모가 아이에게 물려주어야 할 최고의 유산》 - 문용린, leaders book

《현자들의 평생 공부법》- 김영수, 역사의 아침

《공부의 비결》- 세바스티안 라이트너, 들녘

《아웃라이어》- 말콤 글래드웰, 김영사

《선인들의 공부법》- 박희병, 창작과 비평사

《크라센의 읽기 혁명》- 스티븐 크라센, 르네상스

《전략적 공부기술》- 베레나 슈타이너, 들녘미디어

《섬기는 부모가 자녀를 큰사람으로 만든다》- 전혜성, 랜덤하우스

《부모코칭 프로그램》- Michael H. Popkin, 학지사

《서울시 교육청 자기주도학습 자료집》- 교육과학기술부

《자기주도학습 프로그램 길라잡이》- 서울시 교육청

《꿈을 이루는 6일간의 수업》- 조우석·김현정, 한언

《책 읽는 방법을 바꾸면 인생이 바뀐다》- 백금산, 부흥과 개혁사

《세상을 바꾼 위대한 책 벌레들》- 고정욱, 뜨인돌

《멈추지마, 다시 꿈부터 써봐》- 김수영, 웅진씽크빅

《공부하는 인간》- kbs 공부하는 인간 제작팀, 예담

《행복교과서》- 서울대학교 행복연구센터, 주니어 김영사

《교사를 춤추게 하라》- 우치다 타츠루, 민들레

《왓칭》- 김상운, 정신세계사

《천천히 깊게 읽는 즐거움》- 이토 우지다카, 21세기북스

《실행이 답이다》- 이민규, 더난출판사

《그 많은 똑똑한 아이들은 어디로 갔을까?》- 권재원, 지식프레임

《파는 것이 인간이다》- 다니엘 핑크, 청림출판

《거꾸로 학습코칭》- 정형권, 더메이커

《몰입 두 번째 이야기》- 황농문 , 위즈덤하우스